ELISABETH KÜBLER-ROSS

Über den Tod und das Leben danach

Verlag „DIE SILBERSCHNUR“ GmbH

ISBN 3-923781-02-4

Herausgegeben und aus dem Englischen übersetzt von Tom Hockemeyer

13. Auflage 1991

Umschlagaquarelle: Gundula Lüttel-Koch, Berlin
Gesamtherstellung: Strüder-Druck, Neuwied
Printed in Germany
Verlag „Die Silberschnur" GmbH
Heddesdorfer Straße 7, D-5450 Neuwied 1

EINLEITUNG

Die Schweizer Ärztin Dr. Elisabeth Kübler-Ross, die seit über zwanzig Jahren in den Vereinigten Staaten von Amerika an mehreren Krankenhäusern und Universitäten wirkte und lehrte, hat sich auf dem Gebiet der Todesforschung einen bedeutenden Namen errungen, so daß ihre Bücher in ihrer neuen Heimat bereits zu Standardwerken für Ärzte und Krankenschwestern geworden sind. Man bewunderte und ehrte sie, und es dürfte sich auf der ganzen Welt keine zweite Wissenschaftlerin finden, die ebensoviele Ehrendoktorhüte verliehen bekommen hat. Viele hundert Stunden hatte sie an den Betten von Sterbenden gesessen und all deren Verhaltensweisen aufgezeichnet, die sie in fünf Phasen des Sterbens einordnete. Solange sie all das aufzeichnete und veröffentlichte, was ihre Patienten bis zum konstatierten Tod durchlebten, beziehungsweise durchlitten, fand sie den Beifall ihrer Kollegen. Doch als sie in Vorträgen und Interviews auch darüber zu berichten begann, daß Sterbende ihr oft über außerkörperliche oder gar über jenseitige Erlebnisse erzählten, die sie selbst, durch eigene Erlebnisse bestätigt, nicht mehr als Halluzinationen abzutun bereit war, wandten sich viele Menschen wieder von ihr ab und erklärten die Schweizer Forscherin gar für „verrückt". Man konnte es nicht glauben, daß sie sich auf einmal einem „unseriösen" Forschungsgebiet, nämlich der Frage nach einem Leben nach dem Tod, zuwandte, da es ein Leben nach dem Tode nicht geben konnte, war doch gemäß des materialistischen Denkens der Mensch und sein Körper als Atom- und Energiekompositum ein und dasselbe, so daß mit dem Tode des Körpers auch seine Psyche und damit sein ganzes Sein als beendet zu gelten hatte. Daß Dr. Elisabeth Kübler-Ross nicht dort ihre Forschungsarbeit abbrach, wo sie die Grenze des vermeintlich Erforschbaren überschritt, sondern trotz aller Anfeindungen mutig weiter über ihre Beobachtungen und der sich daraus ergebenden Schlüsse sprach, schien für viele ein Verrat an ihrer Integrität als Wissenschaftlerin zu sein. Die Ärztin äußerte sich in einem Interview folgendermaßen: „Meiner Meinung nach ist derjenige wissenschaftlich ehrenhaftig, der das niederschreibt, was er herausgefunden hat,und außerdem darlegt, wie er zu seiner Schlußfolgerung gelangt ist. Man müßte mir volles Mißtrauen schenken und mich geradezu der Prostitution zeihen, wenn ich nur das veröffentlichen würde, was der allgemeinen Meinung gefällt. Ich denke nicht daran, Leute zu überzeugen oder gar zu bekehren. Meine Arbeit sehe ich hauptsächlich darin, das Erforschte weiterzugeben. Jene, die dafür bereit sind, werden mir Glauben schenken. Und jene, die es nicht sind, werden mit den unglaublichsten Vernünfteleien und Besserwissereien argumentieren wollen."

Während diese Forscherin in Amerika schon seit über einem Dezennium zu einer Berühmtheit geworden war, fanden auch im deutschsprachigen Raum ihre im Kreuz-Verlag/Stuttgart erschienenen Veröffentlichungen immer grö-

ßere Beachtung. Doch erst zwei von Günter Rolling produzierte Fernsehsendungen stellten sie, ihr Wirken und Denken einem größeren Publikum vor. Zudem war es den Schweizer Fernsehzuschauern vergönnt, sie in einem Interview zusammen mit dem katholischen Theologen Professor Hans Küng erleben zu dürfen.

In den beiden Sendungen des Südwestfunks spricht sie ihre aufgrund eigener wissenschaftlicher Forschungen gewonnene Überzeugung aus: „Der Tod ist nur ein Übergang in eine andere Form eines anderen Lebens auf einer anderen Frequenz", und „Der Moment des Todes ist ein ganz einmaliges, schönes, befreiendes Erlebnis, das man erlebt ohne Angst und Nöte." Solch eine positive Aussage über den Tod hatte das Fernsehpublikum wohl noch von keinem Mediziner vernommen. Und als die Ärztin gefragt wurde, ob sie selbst Angst vor dem Tod hätte, bekannte sie spontan: „Nein, gar nicht; ich freue mich darauf." Für sie bedeutet die Beschäftigung mit dem Tod nicht eine Flucht vor dem Leben, im Gegenteil. Die Einbeziehung des Todes in seine Gedanken läßt den Menschen bewußter und konzentrierter leben und bewahrt ihn davor, „nicht so viel Zeit für unwichtige Dinge" zu vergeuden.

Der Tod, der bisher in der modernen Menschheit als Schreckgespenst einherschritt, von dem man nach Möglichkeit nichts wissen wollte, den man also bewußt als Lebensfeind verdrängte, wird nun seiner Schreckhaftigkeit beraubt, er findet das Interesse einer vitalen, lebensbejahenden Ärztin, die bei ihren Forschungen herausgefunden hat, daß wir uns eigentlich vor dem Tode gar nicht zu fürchten haben, denn der Tod ist nicht das Ende, vielmehr ist er „ein strahlender Beginn".

In dem vom Schweizerischen Fernsehen ausgestrahlten Interview hebt Professor Hans Küng die Bedeutung dieser mutigen Frau hervor, wenn er davon spricht, daß nicht nur die Theologen, sondern „ungezählte Menschen" ihr „unendlich dankbar" seien, da sie sich diesen Fragen nach dem Tode gestellt und damit zugleich jene „Tabuisierung durchbrochen" habe, wodurch die Medizin „wieder offen für diese Fragen" geworden sei. Unser Leben im Erdenkörper, so bekennt Elisabeth Kübler-Ross in gleicher Sendung, ist nur „ein ganz, ganz kleiner Teil unserer Existenz". Das persönliche Leben ist also nicht, wie es die materialistisch ausgerichtete Wissenschaft sieht, auf ein einziges Leben beschränkt, vielmehr ist dieses Erdenleben nur ein winziger Teil von einer individuellen Gesamtexistenz, die über unser irdisches Leben hinausweist. Ist es nicht tröstlich zu wissen, daß es mit unserem irdischen Tod nicht einfach „aus" ist, sondern daß uns Wunderbares bevorsteht? Wie aber Elisabeth Kübler-Ross zur Erkenntnis und Überzeugung von einem Leben nach dem Tod gekommen ist und wie diese dem irdischen Tod unmittelbar folgenden Erlebnisse für uns Menschen im allgemeinen aussehen, darüber soll dieses Büchlein berichten.

Unserem Verlag war es gestattet, zum Thema „Leben nach dem Tod" aus ihren Vorträgen ein Büchlein zusammenzustellen, wozu wir auf drei Quellen zurückgriffen. Es handelt sich erstens um einen im Dezember 1982 in der Schweiz gehaltenen Vortrag mit dem Titel „Leben und Sterben", den wir als Auszug wiedergeben, um den beiden folgenden Beiträgen nicht vorwegzugreifen. Ihm folgt zweitens der 1977 in San Diego/Kalifornien gehaltene Vortrag mit dem Titel „There is no death" („Es gibt keinen Tod"). Ihm schließt sich drittens und letztens die Übersetzung einer Lehrkassette an, welche die Autorin 1980 besprochen und ihr die Überschrift gegeben hat: „Life, death and life after death" („Leben, Tod und Leben nach dem Tod").

Der Verlag „DIE SILBERSCHNUR"

LEBEN UND STERBEN

Viele Leute sagen: „Ja, die Frau Dr. Ross hat zu viele Sterbende gesehen. Jetzt fängt sie schon ein bißchen an, komisch zu werden." Die Meinung, die andere Leute von Ihnen haben, ist das Problem von diesen anderen Leuten und nicht Ihr Problem. Das ist sehr wichtig zu wissen. Wenn Sie ein gutes Gewissen haben und Ihre Arbeit mit Liebe ausführen, wird man Sie anspucken, wird man Ihnen das Leben schwer machen. Und zehn Jahre später bekommen Sie achtzehn Ehrendoktortitel für die gleiche Arbeit. Und so ist mein Leben jetzt.

Wenn man viele Jahre lang an den Sterbebetten von Kindern und alten Leuten sitzt, ihnen zuhört und sie auch wirklich anhört, werden Sie bemerken, daß sie wissen, ob der Tod nah ist. Da sagt Ihnen auf einmal jemand auf Wiedersehen, wenn Sie noch gar nicht daran denken, daß der Tod schon bald eintreten könnte. Wenn Sie aber dann diese Aussage nicht von sich weisen, sondern sitzen bleiben, so sagt Ihnen der Sterbende noch alles, was er Ihnen mitteilen möchte. Wenn dieser Kranke dann stirbt, haben Sie doch ein gutes Gefühl, daß Sie vielleicht die einzige Person waren, die seine Worte ernst genommen hatte.

Wir haben zwanzigtausend Fälle auf der ganzen Welt von Menschen studiert, die man klinisch bereits für tot erklärt hatte und die dann wieder zum Leben zurückgerufen wurden. Einige wachten ganz natürlich wieder auf, andere erst durch Wiederbelebungsversuche.

Ich möchte Ihnen nun ganz summarisch erläutern, was jeder Mensch im Moment des Todes erleben wird. Und dieses Erlebnis ist allgemein, also unabhängig davon, ob Sie ein Ureinwohner Australiens, ein Hindu, ein Moslem, ein Christ oder ein Ungläubiger sind; es ist ebenso unabhängig von Ihrem Alter oder von Ihrem ökonomischen Status. Denn es handelt sich hier um ein ganz menschliches Geschehen, wie ja auch der normale Geburtsvorgang ein allgemein menschliches Geschehen ist.

Das Sterbeerlebnis ist fast identisch mit der Geburt. Es ist eine Geburt in eine andere Existenz, die ganz, ganz einfach bewiesen werden kann. Zweitausend Jahre lang hatte man Sie dazu ersucht, an die jenseitigen Dinge zu „glauben". Für mich ist es nicht mehr eine Sache des Glaubens, sondern eine Sache des Wissens. Und ich sage Ihnen gern, wie man zu diesem Wissen gelangt, vorausgesetzt, Sie wollen wissen. Wenn Sie es nicht wissen wollen, spielt es ebenfalls absolut keine Rolle. Wenn Sie mal gestorben sind, wissen Sie es ja sowieso. Und ich sitze dann dort und freue mich speziell über all jene, die jetzt sagen: „Ja, die arme Frau Dr. Ross!"

Im Moment des Todes gibt es drei Stufen. Wenn Sie die Sprache akzeptieren, die ich für ganz kleine sterbende Kinder gebrauche und wie ich sie beispielsweise auch im Dougy-Brief anwende, so spreche ich davon, daß der körperliche Tod des Menschen mit dem Geschehen identisch ist, wie wir es bei dem Heraustreten des Schmetterlings aus dem Kokon sehen können. Der Kokon samt seiner Larve ist der vorübergehende menschliche Körper. Diese sind aber nicht identisch mit Ihnen, sie sind nur ein vorübergehendes

Haus, wenn Sie sich das so vorstellen können. Sterben ist nur ein Umziehen in ein schöneres Haus, wenn ich das symbolisch so sagen kann.

Sobald der Kokon, sei es durch Selbstmord, Mord, Herzschlag oder durch eine chronische Krankheit, also ganz egal wie, irreparabel beschädigt ist, wird er den Schmetterling, also Ihre Seele, freigeben. Auf dieser zweiten Stufe, nachdem – symbolisch gesprochen – Ihr Schmetterling den irdischen Körper verlassen hat, werden Sie wichtige Dinge erleben, die Sie einfach wissen müssen, damit Sie überhaupt nie mehr Angst vor dem Tode haben.

Auf der zweiten Stufe werden Sie von psychischer Energie, auf der ersten Stufe hingegen von körperlicher Energie versorgt. Auf letzterer benötigen Sie noch ein funktionierendes Hirn, also ein Wachbewußtsein, um mit den Mitmenschen kommunizieren zu können. Sobald jedoch dieses Hirn oder dieser Kokon zu sehr beschädigt ist, haben Sie natürlich kein Wachbewußtsein mehr. Im Moment, wo dieses Ihnen fehlt, wo also der Kokon derart geschädigt ist, daß Sie weder atmen, noch daß Puls oder Hirnwellen gemessen werden können, befindet sich eben der Schmetterling schon außerhalb seines Kokons, was nicht heißen muß, daß Sie schon tot sind, sondern das heißt, daß der Kokon nicht mehr funktioniert. Mit dem Verlassen des Kokons gelangen Sie in die zweite Stufe, die von der psychischen Energie getragen wird. Psychische und körperliche Energie sind die einzigen zwei Energien, die der Mensch manipulieren kann.

Das größte Geschenk, das Gott den Menschen gegeben hat, ist der freie Wille. Und dieser freie Wille hat von allen

Lebewesen nur der Mensch. Somit haben Sie auch die Wahl, diese Energien negativ oder positiv zu gebrauchen. Das heißt, beide Leben in den jeweiligen Körpern können negativ oder positiv sein. Sobald Sie ein freier Schmetterling sind, das heißt, sobald Ihre Seele aus dem Körper ausgetreten ist, werden Sie zuallererst merken, daß Sie alles wahrnehmen, was an dem Ort Ihres Todes, im Krankenzimmer, an der Unfallstelle oder wo Sie eben diesen Körper verlassen haben, passiert. Sie nehmen diese Vorgänge dann nicht mehr mit Ihrem irdischen Bewußtsein auf, sondern mit einer neuen Wahrnehmung. Sie registrieren alles, und zwar zu einer Zeit, in der Sie keinen Blutdruck, keinen Puls und keine Atmung mehr haben, in einigen Fällen sogar bei Abwesenheit meßbarer Hirnwellen. Sie wissen genau, was jeder sagt und denkt und wie er sich benimmt. Und Sie werden nachher ganz klar sagen können, daß man zum Beispiel mit drei Schneidbrennern den Körper aus einem Autowrack befreite. Es gab sogar Leute, die uns das Kennzeichen jenes Wagens genannt haben, der sie angefahren hatte, dann aber einfach weitergefahren war. Wissenschaftlich kann man eben nicht erklären, daß jemand, der keine Hirnwellen mehr hat, noch das Autonummernschild lesen kann. Von uns Wissenschaftlern wird Demut verlangt. Wir müssen demütig akzeptieren, daß es viele Millionen Dinge gibt, die wir noch nicht verstehen können. Das heißt aber nicht, daß diese Dinge, nur weil wir sie nicht verstehen, etwa nicht existieren und Realitäten sein dürfen.

Würde ich jetzt in eine Hundepfeife blasen, würden Sie es nicht hören können, während aber jeder Hund das hören würde. Dies hat seinen Grund darin, daß das menschliche

Gehör für die Wahrnehmung dieser hohen Frequenzen nicht geschaffen ist. Ebenso kann der durchschnittliche Mensch eben jene Seele, die aus dem Körper herausgetreten ist, nicht erkennen, während jene ausgetretene Seele jedoch noch die irdischen Wellenlängen registrieren kann, um alles zu verstehen, was auf der Unfallstation oder anderswo vor sich geht.

Sehr viele Leute treten während einer Operation aus ihrem Körper heraus und schauen tatsächlich der Operation zu. Diese Tatsache muß allen Ärzten und Schwestern bewußt sein. Das heißt auch, daß sie, so der Patient bewußtlos ist, nur über diejenigen Dinge sprechen sollten, von denen sie glauben, daß der Bewußtlose sie sowieso hören dürfe. Es ist traurig, was man in Gegenwart von bewußtlosen Leuten sagt, während jene alles mit anhören können.

Auch müssen Sie wissen, so Sie an das Bett Ihrer sterbenden Mutter oder Ihres sterbenden Vaters treten, die sich schon in einem sehr tiefen Koma befinden, daß diese Frau oder dieser Mann alles hört, was Sie sagen. Und dann ist es keinesfalls zu spät zu sagen: „Es tut mir leid", „Ich liebe dich", oder was Sie auch immer sagen wollen. Für solche Worte ist es überhaupt nie zu spät, auch nach dem Tode nicht, da diese Verstorbenen noch immer hören, was Sie sagen. Sie können also auch dann noch „unerledigte Geschäfte", selbst wenn sie schon zehn und zwanzig Jahre zurückliegen sollten, erledigen und somit Ihre Schuld abladen, damit Sie selbst wieder leben können.

In dieser zweiten Stufe wird der „Gestorbene", wenn ich das so sagen darf, auch bemerken, daß er wieder ganz ist. Leute, die blind sind, können sehen. Leute, die nicht hören oder nicht sprechen konnten, hören und sprechen wieder. Meine Multiple-Sklerose-Patienten, die sich nur noch im Rollstuhl vorwärts bewegen können und mit dem Sprechen ihre Mühe haben, sagen mir nach ihrer Rückkehr von einem todesnahen Erlebnis als allererstes ganz beglückt: „Dr. Ross, ich konnte wieder tanzen." Und es handelt sich um Tausende in Rollstühlen, die dann endlich wieder mal tanzen können. Wenn sie zurückkehren, befinden sie sich natürlich wieder in ihrem alten, kranken Körper.

Sie verstehen also, daß dieses außerkörperliche Erlebnis ein ganz beglückendes, seliges Ereignis ist. Die kleinen Mädchen, die aufgrund der Krebsbehandlung schon alle ihre Haare verloren haben, sagen mir nach einem solchen Erlebnis als erstes: „Ich hatte meine schönen Locken wieder." Frauen, die ihre Brust amputiert bekommen haben, haben nun ihre Brust wieder. Sie sind einfach wieder ganz. Sie sind perfekt.

Vieler meiner skeptischen Kollegen sagen: „Es handelt sich hier um eine Projektion von Wunschtraum." Einundfünfzig Prozent aller meiner Fälle waren plötzliche Todesfälle. Und ich glaube nicht, daß jemand zur Arbeit geht und dabei träumt, daß er auch weiterhin über beide Beine verfügt, wenn er zu Fuß die Straße überquert. Doch plötzlich nach einem schweren Unfall sieht er ein von seinem Körper abgetrenntes Bein auf der Straße liegen, und trotzdem ist er im Vollbesitz beider Beine.

All das ist natürlich kein Beweis für einen Skeptiker. Und um Skeptiker ein bißchen zu beruhigen, haben wir mit blinden Menschen ein Forschungsprojekt durchgeführt, bei welchem wir uns die Bedingung auferlegten, nur Blinde zu berücksichtigen, die seit mindestens zehn Jahren keinerlei Lichtperzeption hatten. Und diese Blinden, die dieses außerkörperliche Erlebnis gehabt hatten und zurückgekommen sind, können Ihnen im Detail sagen, was für Farben und welchen Schmuck Sie zu jener Zeit, so Sie anwesend waren, trugen, was für ein Muster Ihr Pullover oder Ihre Krawatte hatte und so weiter. Sie verstehen, daß es sich hierbei nicht um etwas handelt, was man phantasieren kann. Sie können diese Sachverhalte ganz gut beweisen, wenn Ihnen die Antwort nicht Angst macht. Wenn sie Ihnen jedoch Angst macht, dann mögen Sie wie jene Skeptiker zu mir kommen, die mir sagten, daß jene außerkörperlichen Erlebnisse als Resultat von Sauerstoffmangel anzusehen seien. Ja, wenn es sich hierbei nur um Sauerstoffmangel handelte, verordnete ich allen meinen Blinden Sauerstoffmangel. Verstehen Sie? Wenn jemand eine Tatsache nicht wissen will, dann kommt er mit tausend Gegenargumenten. Und das ist eben wieder sein Problem. Sie müssen nicht versuchen, andere Leute zu bekehren. Wenn jene sterben, wissen sie es ja sowieso.

In dieser zweiten Stufe merken Sie auch, daß kein einziger Mensch allein sterben kann. Wenn man aus dem Körper tritt, befindet man sich in einem Sein, in welchem es keine Zeit mehr gibt, wo also die Zeit einfach nicht existiert, ebenso wie man dort auch nicht mehr von Raum und Distanzen in unserem Sinne sprechen kann, da diese ja irdische Phänomene sind. Stirbt zum Beispiel ein junger Amerikaner in Vietnam und denkt daraufhin an seine Mutter in Washington, so überbrückt er mittels der Gedankenkraft jene Tausende von Kilometern und befindet sich im Nu bei seiner Mutter. Auf jener zweiten Stufe gibt es also keine Distanzen. Dieses Phänomen hat sich schon sehr vielen Irdischen präsentiert, als ihnen auf einmal bewußt geworden war, daß jemand, der weit entfernt wohnte, plötzlich bei ihnen war. Und einen Tag später erreichte sie ein Telefonanruf, oder es kam ein Telegramm, in welchem ihnen mitgeteilt wurde, daß der Betreffende Hunderte oder Tausende von Kilometern weit weg gestorben war. Solche Leute sind natürlich sehr intuitiv, denn normalerweise wird man sich solcher Besuche nicht bewußt.

Auf dieser Stufe merken Sie auch, daß kein Mensch allein sterben kann, nicht nur, weil der Verstorbene in der Lage ist, jeden beliebigen Menschen zu besuchen, sondern auch deswegen, daß solche Leute, die vor Ihnen gestorben waren und die Sie gern und lieb hatten, immer auf Sie warten. Und da die Zeit eben nicht existiert, könnte jemand, der mit zwanzig Jahren ein Kind verloren hatte, nach seinem im neunundneunzigsten Jahre erfolgten Tod immer noch sein Kind als Kind antreffen, da für diejenigen auf der anderen Seite eine Minute beispielsweise die Dauer von hundert Jahren unseres Zeitgeschehens einnehmen kann.

Was die Kirche den kleinen Kindern hinsichtlich ihrer Schutzengel erzählt, beruht auch auf Tatsachen, denn es ist ebenfalls bewiesen, daß jeder Mensch von seiner Geburt bis zu seinem Tod von Geistwesen begleitet wird. Jeder Mensch hat solche Begleiter, ob Sie daran glauben oder nicht, ob Sie Jude oder Katholik oder ohne Religion sind, spielt überhaupt keine Rolle. Denn jene Liebe ist bedingungslos, weshalb ein jeder Mensch dieses Geschenk eines Begleiters erhält. Es handelt sich um jene Begleiter, die meine kleinen Kinder „Spielgefährten" nennen. Ganz kleine Kinder sprechen mit ihren „Spielgefährten" und sind sich dessen ganz bewußt. Doch sobald sie in die erste Klasse kommen, sagen Ihre Eltern zu ihnen: „Du bist jetzt ein großer Bub. Du gehst nun in die Schule. Jetzt macht man nicht mehr solche kindischen Spiele." Somit vergißt man, daß man „Spielgefährten" hat, bis man auf dem Sterbebett liegt. Und dann sagt plötzlich eine sterbende alte Frau zu mir: „Hier ist er wieder." Und weil ich weiß, von was sie spricht, frage ich diese Frau, ob sie mit mir das soeben Erlebte teilen könne. Alsdann erklärt sie mir: „Ja, wissen Sie, als ich ein ganz kleines Kind war, befand er sich immer bei mir. Aber ich habe ganz vergessen, daß er überhaupt existiert." Und einen Tag später stirbt sie ganz beglückt, daß jemand, der sie unsagbar gern gehabt hatte, wieder auf sie wartet.

Im allgemeinen werden Sie immer von der Person erwartet, die Sie am meisten liebgehabt haben. Diese Person begegnet Ihnen immer zuerst. Im Falle von ganz Kleinen, bei zwei-, dreijährigen Kindern zum Beispiel, deren Großeltern und Eltern sowie auch die übrige ihnen bekannte Verwandschaft noch auf Erden weilen, ist es meistens ihr persönlicher Schutzengel, der sie empfängt, oder sie werden auch von Jesus oder einer anderen religiösen Figur empfangen. Ich habe es noch nie erlebt, daß ein protestantisch getauftes Kind in seinen Sterbeminuten Maria sah, während diese aber von sehr vielen katholischen Kindern wahrgenommen wurde. Es handelt sich hierbei nicht um eine Diskriminierung, sondern Sie werden ganz einfach auf der anderen Seite von denen erwartet, die für Sie die größte Bedeutung gehabt haben.

Ist man sich auf dieser zweiten Stufe seines wiederhergestellten Körpers gewahr geworden und durfte man seinen Geliebten begegnen, so wird einem bewußt, daß das Sterben nur ein Übergang ist in eine andere Form des Lebens. Die irdisch-körperlichen Formen hat man zurückgelassen, weil man diese nicht mehr braucht. Und bevor Sie Ihren Körper ablegen und daraufhin die Form annehmen, die man in der Ewigkeit besitzt, geht man durch eine Übergangsphase, die ganz und gar von irdisch-kulturellen Faktoren geprägt ist. Es kann sich hierbei um das Durchschreiten eines Tunnels oder Tores oder um das Überqueren einer Brücke handeln. Ich als Schweizerin durfte einen Alpenpass mit Alpenblumen überqueren. Jeder bekommt den Himmel, den er sich vorstellt. Und für mich ist natürlich die Schweiz der Himmel, in welchem sich selbstverständlich Berge und Alpenblumen befinden. Ja, ich habe diesen Übergang als einen ganz grenzenlos schönen Bergpass erleben dürfen, dessen Wiesen derart bunt von Alpenblumen waren, daß sie mir vorkamen wie ein Perserteppich.

Und dann, sobald Sie diesen Durchgang oder Übergang durch- oder überschritten haben, strahlt Ihnen an dessen Ende ein Licht entgegen. Und dieses Licht ist weißer als weiß, g a n z hell. Und je näher Sie sich auf dieses Licht zubewegen, desto mehr werden Sie total gefüllt mit der größten, unbeschreiblichsten bedingungslosen Liebe, die Sie sich überhaupt nicht vorstellen können. Es gibt gar keine Worte dafür.

Wenn jemand ein todesnahes Erlebnis hat, darf er dieses Licht auch nur ganz kurz anschauen. Und alsgleich muß er zurückkehren. Wenn Sie aber sterben, ich meine, endgültig sterben, wird diese Verbindung zwischen dem Kokon und dem Schmetterling, die man mit einer Nabelschnur („Silberschnur“) vergleichen könnte, durchtrennt. Danach ist es nicht mehr möglich, in den Erdenkörper zurückzukehren. Aber Sie wollen ja dann sowieso nicht mehr zurück, denn wenn man das Licht erst einmal gesehen hat, will kein Mensch mehr zurück. Und in diesem Licht erleben Sie zum erstenmal, was der Mensch hätte sein können. Da erleben Sie nur Verständnis und keine Verurteilung, da erleben Sie bedingungslose Liebe, die man überhaupt nicht beschreiben kann. Und in dieser Gegenwart, welche viele Menschen mit Christus oder Gott, mit Liebe oder Licht bezeichnen, werden Sie sich bewußt, daß Ihr ganzes Erdenleben nichts anderes ist, als eine Schule, daß Sie durch diese Schule hindurchgehen müssen, daß Sie bestimmte Prüfungen bestehen und bestimmte Dinge lernen müssen. Sobald Sie Ihr Pensum erledigt und bestanden haben, dürfen Sie nach Hause gehen.

Manch einer fragt: „Warum müssen so wunderschöne Kinder sterben?“ Die Antwort lautet ganz einfach, daß diese Kinder in ganz kurzer Zeit gelernt haben, was man lernen muß. Und das sind für verschiedene Menschen g a n z verschiedene Dinge. Eines muß jeder lernen, bevor er zurückgehen kann, woher er kommt, und das ist bedingungslose Liebe. Wenn Sie das gelernt und praktiziert haben, dann haben Sie die größte Prüfung bestanden.

In diesem Licht, in der Gegenwart von Gott, von Christus, oder wie immer Sie das nennen mögen, müssen Sie Ihr ganzes Erdenleben nochmals betrachten, und zwar vom ersten Tag bis zum Tage des Todes. Mit der Betrachtung Ihres eigenen Erdenlebens befinden Sie sich nun auf der dritten Stufe. Auf dieser Stufe verfügen Sie nicht mehr über jenes Bewußtsein der ersten Stufe oder über jenes Wahrnehmungsvermögen der zweiten Stufe. Aber Sie sind jetzt im Besitz des Wissens. Sie wissen jeden Gedanken aufs genaueste, den Sie irgendwann in Ihrem Leben gedacht hatten, Sie wissen um jede Tat und um jedes Wort, das Sie je gesprochen hatten. Aber dieses Sicherinnern ist nur ein ganz kleiner Teil Ihres Gesamtwissens. Denn Sie wissen in diesem Moment, in welchem Sie Ihr ganzes Leben nochmals anschauen, über alle Konsequenzen Bescheid, die sich aus jedem Ihrer Gedanken, jedem Ihrer Worte und jeder Ihrer Taten ergeben haben.

Gott ist bedingungslose Liebe. Bei der „Revision" Ihres Lebens werden Sie nicht Ihm die Schuld an Ihrem Schicksal zuschieben, sondern Sie erkennen, daß Sie Ihr eigener schlimmster Feind waren, da Sie sich jetzt vorwerfen müssen, so viele Gelegenheiten zum Wachsen ungenützt gelassen zu haben. Jetzt wissen Sie, daß damals, als Ihr Haus abbrannte oder als Ihr Kind verstarb, Ihr Mann verletzt wurde oder Sie selbst einen Schlaganfall erlitten, daß es sich bei all Ihren Schicksalsschlägen um unzählige Möglichkeiten zum Wachsen handelte, zum Wachsen an Verständnis, zum Wachsen an Liebe, zum Wachsen an allen Dingen, die wir noch zu lernen haben. „Und statt die sich mir dargebotenen Chancen zu nutzen", so bereuen Sie jetzt, „habe ich mich mit jedem Mal mehr und mehr der Verbitterung hingegeben, so daß meine Wut und auch meine Negativität zunahmen . . ."

Wir sind für ein ganz einfaches, schönes, herrliches Leben geschaffen worden. Und ich muß betonen, daß es nicht nur in Amerika geprügelte, geschlagene und vergessene Kinder gibt, sondern auch in der herrlichen Schweiz. Mein großer Wunsch ist, daß Sie das Leben anders betrachten. Wenn Sie das Leben so betrachten, wie wir geschaffen wurden, dann würden Sie auch die Frage nicht mehr stellen, welche Leben man verlängern dürfe. Dann würde kein Mensch mehr fragen, ob man jemandem eine Überdosierung geben sollte, um ein Leiden zu verkürzen. Sterben muß n i e Leiden sein. Die Medizin ist heutzutage so phantastisch, daß wir jeden Sterbenden schmerzfrei halten können. Wenn Ihre Sterbenden schmerzfrei, trocken und lieb gepflegt werden und Sie den Mut haben, jene alle nach Hause zu nehmen – alle!, wenn menschenmöglich –, dann wird kein Mensch Sie um eine Überdosierung bitten.

Innerhalb der letzten zwanzig Jahre hat mich nur ein einziger Mensch um eine Überdosierung gebeten. Und das habe ich nicht verstanden. Und ich habe mich zu ihm gesetzt und ihn gefragt: „Warum wollen Sie das?" Alsdann hat er mir offenbart: „Ich will es nicht. Aber meine Mutter. Sie kann dem nicht mehr zusehen. Darum habe ich ihr versprochen, um eine Spritze zu bitten." Natürlich haben wir dann mit der Mutter gesprochen und ihr geholfen. Verstehen Sie, es war nicht Haß, der sie zu diesem Verzweiflungswunsch trieb, aber es war ihr alles zuviel geworden. Kein Sterbender wird Sie um eine Überdosierung bitten, wenn er liebevoll gepflegt wird und Sie ihm helfen, seine unerledigten Geschäfte zu erledigen.

Auch möchte ich darauf hinweisen, daß es ein Segen für viele ist, Krebs zu haben. Ich möchte nicht all die Übel verkleinern, die mit der Krebskrankheit einhergehen. Aber ich möchte Sie darauf aufmerksam machen, daß es hunderttausendmal schwerere Dinge gibt als Krebs. Ich habe Patienten mit amyotrophischer Lateralsklerose, mit einer neurologischen Krankheit also, bei der Sie zuschauen, wie sie bis zum Nacken gelähmt werden. Sie können nicht mehr atmen, sie können nicht mehr sprechen. Ich weiß nicht, ob Sie sich vorstellen können, wie es ist, wenn man total bis zum Kopf gelähmt ist. Man kann nicht schreiben, noch nicht einmal sprechen, nichts. Wenn Sie solche Leute kennen, lassen Sie es mich wissen. Wir verfügen über eine ganz hilfreiche Sprachtafel, die es den Kranken ermöglicht, mit Ihnen zu kommunizieren . . .

Mein Wunsch ist es, daß Sie vielen Menschen ein bißchen mehr Liebe zeigen. Denken Sie daran, daß den Menschen, denen Sie das größte Weihnachtsgeschenk dieses Jahr überreichen, oft gerade diejenigen sind, vor denen Sie am meisten Angst haben oder zu denen Ihre Gefühle am negativsten sind. Hören Sie das? Ich bezweifle, daß Sie es nötig hätten, jemandem ein großes Geschenk zu machen, wenn Sie ihn stattdessen bedingungslos lieben würden. Es gibt zwanzig Millionen Kinder, die an Hunger sterben. Adoptieren Sie so ein Kind und machen kleinere Geschenke. Und denken Sie auch daran, daß es viele arme Leute in Westeuropa gibt. Teilen Sie Ihren Segen. Und dann, wenn die Windstürme des Lebens kommen, denken Sie daran, daß diese Windstürme des Lebens ein Geschenk sind, das sich nicht im Moment, aber vielleicht schon in zehn oder zwanzig Jahren als solches erweist, da es Ihnen Kraft gibt und Sie Dinge lehrt, die Sie sonst überhaupt nicht gelernt hätten. Wenn Sie – symbolisch gesprochen – wie ein Stein in eine Schleifmaschine geraten, hängt es ganz von Ihnen selbst ab, ob Sie darin total zermürbt oder zerschlagen werden oder ob Sie daraus hervorgehen als ein strahlender Diamant.

Zum Schluß möchte ich Ihnen noch versichern, daß es ein Geschenk ist, am Bett von Sterbenden zu sitzen, daß das Sterben keine traurige und furchtbare Angelegenheit sein muß, daß Sie vielmehr dabei ganz, ganz herrliche, liebe Dinge erleben können. Und wenn Sie diese Lehren, die Sie von den Sterbenden gelernt haben, an Ihre Kinder und Kindeskinder und auch an Ihre Nachbarn weitergeben würden, dann wäre diese Welt bald wieder ein Paradies. Und ich glaube, es ist Zeit, damit anzufangen.

ES GIBT KEINEN TOD

Ich dachte eine längere Zeit darüber nach, über was ich zu Ihnen heute sprechen könnte. Ich möchte nun darüber berichten, wie es einem zweipfündigen „Nichts“ gelang, seinen Weg, seinen Pfad im Leben zu finden, wie ich das erlernte, worüber ich jetzt zu Ihnen spreche. Und ich möchte Ihnen auch sagen, wie auch Sie davon überzeugt werden können, daß dieses Erdenleben, welches Sie in Ihrem physischen Körper durchleben, nur eine sehr, sehr kurze Zeitspanne innerhalb Ihrer Gesamtexistenz beträgt. Ihr jetziges Leben jedoch ist innerhalb Ihrer Gesamtexistenz von größter Bedeutung, denn Sie sind hier aus einem bestimmten Grunde, der ganz und gar auf Sie abgestimmt ist. Wenn Sie richtig leben, haben Sie sich über das Sterben keinerlei Sorgen zu bereiten, selbst wenn Sie auch nur noch einen Tag zu leben hätten. Der Zeitfaktor spielt dabei nur eine geringfügige Rolle, denn er basiert sowieso nur auf einem vom Menschen ersonnenen Konzept.

Richtig leben heißt im eigentlichen Sinne, lieben lernen. Ich war gestern sehr gerührt, als der Vortragende sagte: „Glaube, Liebe und Hoffnung, die größte aber von diesen ist die Liebe.“ In der Schweiz wird man mit sechzehn Jahren konfirmiert, und man erhält einen Spruch zugewiesen, der einen durchs Leben begleiten soll. Da wir Drillinge waren, mußte man einen Spruch finden, der auf uns drei zutraf. Man entschied sich für den oben genannten. Und auf mich entfiel das Wort Liebe. Darum möchte ich mich nun mit Ihnen über die Liebe unterhalten. Unter Liebe verstehe ich Leben und Tod, denn sie sind beide ein und dasselbe.

Ich kam als ein ,,unerwünschtes" Kind zur Welt. Nicht, daß meine Eltern sich kein Kind wünschten, im Gegenteil, sie sehnten sich nach einem Mädchen, jedoch nach einem wohlgediehenen Zehnpfünder. Sie hatten nicht mit Drillingen gerechnet. Und als ich erschien, wog ich nur zwei Pfund und war sehr häßlich. Ich hatte kein Haar und war sicherlich für sie eine ganz, ganz große Enttäuschung. Fünfzehn Minuten später kam das zweite und zwanzig Minuten darauf das dritte Kind zur Welt, das sechseinhalb Pfund wog. Jetzt waren unsere Eltern endlich glücklich, obwohl sie am liebsten zwei von uns wieder zurückgegeben hätten.

Ich glaube, daß nichts im Leben Zufall ist. Und ganz gewiß nicht die Gegebenheiten meiner Geburt. Mir wurde damit das Gefühl vermittelt, daß selbst ein zweipfündiges Nichts mit ganzer Kraft beweisen müsse, daß es wert war, leben zu dürfen. Ich mußte besonders hart arbeiten, gleich den Blinden, die glauben, zehnmal fleißiger sein zu müssen, um ihren Arbeitsplatz nicht zu verlieren.

Bei Beendigung des Weltkrieges war ich ein Teenager. Ich hatte das große Bedürfnis, etwas für die vom Krieg furchtbar verrüttelte Welt zu tun. Ich hatte mir selbst gelobt, daß ich nach Kriegsende den weiten Weg nach Polen zurücklegen würde, um dort Erste Hilfe zu leisten und an allem Notwendigen mit Hand anzulegen. Ich habe mein Versprechen gehalten. Und dort wurde, wie ich glaube, der Anfang gesetzt für meine spätere Arbeit, die sich mit dem Sterben und dem Tod befassen sollte.

Ich habe persönlich die Konzentrationslager in Augenschein genommen. Ich habe persönlich Waggons mit Kinderschuhen gesehen und solche, die vollgestopft waren mit

Menschenhaar von Opfern der Konzentrationslager. Solches Haar hatte man nach Deutschland transportiert, um daraus Kopfkissen herzustellen. Wenn man die Konzentrationslager mit seiner eigenen Nase gerochen und die Krematorien mit seinen eigenen Augen gesehen hat, wenn man dazu noch so jung war wie ich damals, dann wird man nach einem solchen Erlebnis nie wieder die gleiche Person sein können. Denn das, was man zu sehen bekam, war die Inhumanität in uns allen. Denn ein jeder von uns in diesem Raum ist fähig, ein Nazi-Ungeheuer zu werden. Daß dieser Teil in Ihnen vorhanden ist, müssen Sie zugeben. Doch hat ein jeder in diesem Raum ebenso die Fähigkeit, eine Mutter Theresa zu werden, so Sie wissen, wen ich meine. Sie ist eine von meinen Heiligen, eine Frau in Indien, die von den Straßen sterbende und hungernde Kinder und Erwachsene aufliest. Sie ist davon überzeugt, daß es für jene Sterbenden wert gewesen war, zu leben, wenn sie jene auch nur fünf Minuten in ihren Armen halten und mit ihrer Liebe umfangen konnte. Sie ist eine wunderbare Menschenseele. Ich wünschte, Sie hätten die Gelegenheit, ihr zu begegnen. (Bin ihr seither begegnet.)

Bevor ich nach Amerika kam, war ich eine Schweizer Landärztin, und zwar eine sehr glückliche. Ich hatte eigentlich mein Leben darauf vorbereitet, nach Indien zu gehen und dort – wie Albert Schweitzer in Afrika – als Ärztin zu wirken. Jedoch zwei Monate vor meiner geplanten Abreise wurde mir mitgeteilt, daß das ganze Projekt gescheitert sei. Und anstatt in den Dschungeln Indiens landete ich in den Dschungeln New Yorks, nachdem ich einen Amerikaner geheiratet hatte, der mich dorthin brachte, wo ich von allen

Orten dieser Welt am wenigsten zu leben wünschte. Und das war ebenfalls kein Zufall. Es fällt einem leicht, in eine Stadt zu ziehen, die man liebt. Aber in eine Stadt zu ziehen, zu der man sich ganz und gar nicht hingezogen fühlt, ist eine Prüfung, die einem gestellt wurde, um festzustellen, ob man wirklich zu dem steht, was man sich als Lebensziel vorgenommen hat.

Ich erhielt eine Anstellung als Ärztin im Manhattan State Hospital, das ebenfalls ein grauenhafter Ort ist. Ich verstand damals noch recht wenig von Psychiatrie. Ich fühlte mich sehr einsam, elend und unglücklich. Außerdem wollte ich meinen Mann nicht unglücklich machen. So kam es, daß ich mich den Patienten ganz und gar zuwandte. Ich identifizierte mich mit ihrem Mißgeschick, ihrer Einsamkeit und ihrer Verzweiflung. Und auf einmal begannen sich meine Patienten mir mitzuteilen und vertrauten mir ihre Gefühle an. Und plötzlich merkte ich, daß ich mit meinen Kümmernissen nicht allein war. Zwei Jahre lang tat ich nichts anderes, als mit diesen Patienten zu leben und zu arbeiten. Um ihre Einsamkeit zu teilen, feierte ich mit ihnen jedes Fest, sei es Hannukkah, Weihnachten, Passah oder Ostern. Ich wußte, wie gesagt, nur wenig von der Psychiatrie, besonders von der theoretischen Psychiatrie, die man in meiner Position eigentlich wissen sollte. Ich konnte mich mit meinen Patienten meiner unzureichenden Sprachkenntnisse wegen kaum verständigen, doch wir liebten uns gegenseitig. Ja, wir liebten uns wirklich. Nach zwei Jahren wurden vierundneunzig Prozent jener Patienten entlassen und waren fähig, sich in New York behaupten. Und viele von ihnen gehen inzwischen einer eigenen Arbeit nach und sind lebenstüchtig geworden. Man vergesse bitte nicht, es handelte sich hier bei allen um sogenannte „Hoffnungslos-Schizophrene“!

Ich versuche Ihnen klarzumachen, daß Wissen sicherlich hilfreich ist, aber daß bloßes Wissen niemandem helfen kann. Wenn Sie nicht Ihren Kopf und Ihr Herz und Ihre Seele mit einsetzen, helfen Sie keiner einzigen Menschenseele. Diese Wahrheit habe ich von jenen sogenannten hoffnungslosen Geisteskranken gelernt. Während meiner ganzen Tätigkeit mit Patienten, seien es chronisch Schizophrene, geistig stark behinderte Kinder oder Sterbende, habe ich herausgefunden, daß ein jeder von ihnen einen Zweck erfüllt. Jeder von diesen Kranken kann nicht nur lernen und von Ihnen Hilfe empfangen, sondern eben jene können sogar Ihre Lehrer werden. Dies bezieht sich sowohl auf geistesgestörte Kinder, die nur sechs Monate alt sein mögen, oder auf hoffnungslos Schizophrene, die sich auf den ersten Blick wie Tiere zu betragen scheinen mögen. Jedoch die besten Lehrer dieser Welt sind sterbende Patienten.

Sterbende, so man sich die Zeit nimmt, sich an ihr Bett zu setzen, belehren uns über die Phasen des Sterbens. Sie zeigen uns, wie sie durch die Stadien der Wut, der Verzweiflung und des „Warum gerade ich?“ gehen, mit Gott hadern und Ihn sogar eine Zeitlang ablehnen. Sie verhandeln mit Ihm und machen dann die schlimmsten Depressionen durch. Steht ihnen aber in diesen Phasen ein ihnen in Liebe zugetaner Mensch zur Seite, so mögen sie den Zustand des Akzeptierens erreichen. Aber all dies hat noch nichts mit den eigentlichen Phasen des Sterbens zu tun. Wir nennen sie nur die Phasen des Sterbens aus Mangel an einer besseren

Bezeichnung. Wenn man einen Freund oder eine Freundin verliert, wenn man seinen Arbeitsplatz verliert oder wenn man sein Haus, in welchem man fünfzig Jahre seines Lebens zugebracht hat, verlassen muß, um in ein Altersheim gebracht zu werden, oder wenn man, wie es für einige Leute zutreffen mag, seinen Wellensittich oder seine Kontaktlinsen verliert, gehen viele Menschen durch die gleichen Phasen. Und dies ist, wie ich meine, der Sinn, warum wir zu leiden haben. Jedes Leid ist eine Wurzel des Wachstums.

Die meisten Menschen sehen all ihre schweren Lebensbedingungen, ihr Geprüftwerden, ihre Drangsale, ihre Schrecknisse und alle Verluste als einen Fluch an, als eine Strafe Gottes, als etwas Negatives. Wenn man doch nur begreifen würde, daß nichts, was einem begegnet, negativ ist, ich betone, ganz und gar nichts! Alle Schicksalsschläge, Leidenserfahrungen und selbst die größten Verluste, die man durchzumachen hat, auch alle Dinge, von denen man im nachherein sagt, „Wenn ich vorher davon gewußt hätte, würde ich nicht geglaubt haben, sie durchstehen zu können", sind alles Geschenke. Wir können unser Schicksalsweh und Leid mit dem Schmieden des glühenden Eisens vergleichen. Es ist eine Gelegenheit, die einem gegeben wird, um seelisch zu wachsen. Dies ist der alleinige Grund unserer Existenz auf Erden. Man kann nicht seelisch wachsen, wenn man in einem wunderbaren Blumengarten sitzt und sich von jemandem auf einem Silbertablett das großartigste Essen servieren läßt. Aber man wächst, wenn man krank ist, wenn man Schmerzen hat, wenn man einen schmerzlichen Verlust entgegennehmen muß. Man wächst, wenn man nicht seinen Kopf in den Sand steckt, sondern wenn man den Schmerz annimmt und ihn zu begreifen sucht, und zwar nicht als einen Fluch oder als eine Bestrafung, sondern als Geschenk für sich, um damit einen ganz bestimmten Zweck zu erfüllen.

Ich möchte Ihnen hierzu ein klinisches Beispiel anführen. In einer meiner einwöchigen Arbeitsgruppen, bei denen alle Teilnehmer zusammen wohnen, befand sich auch eine junge Frau. Sie hatte nicht den Tod eines Kindes zu beklagen, aber sie hatte oft einen solchen Tod in kleinen Schritten durchzugehen gehabt, was für sie ungeheuerlich schwer war. Als sie nämlich ihr zweites Kind zur Welt brachte, ein Mädchen, nach welchem sie sich sehr gesehnt hatte, teilte man ihr in einer sehr unmenschlichen Weise mit, daß ihr Kind im höchsten Maß geistig zurückgeblieben sei und sogar niemals fähig sein würde, sie als seine Mutter zu erkennen. Kaum war sie sich ihres Schicksals bewußt geworden, als ihr Mann sie verließ. Sie sah sich nun allein mit ihren zwei sehr Hilfe bedürftigen und von ihr abhängigen Kindern zurückgelassen, ohne über ein Einkommen oder sonstigen Beistand zu verfügen.

Zuerst leugnete sie energisch alles ab, ja, sie sprach noch nicht einmal das Wort „geisteskrank“ aus. Dann wandte sich ihr ganzer Zorn gegen Gott. Sie verfluchte Ihn, dann verleugnete sie Seine Existenz, bis sie Ihn schließlich mit den gemeinsten Schimpfworten bedachte. Alsdann versuchte sie mit Ihm zu verhandeln und Versprechungen zu machen: „Wenn mein Kind doch wenigstens etwas lernen könnte, wenn es doch zumindest mich als Mutter erkennen würde.“ Und schließlich erkannte sie eine tiefere Bedeutung darin, dieses Kind haben zu dürfen. Und ich möchte

Ihnen nun ganz einfach erzählen, wie sie letzten Endes ihr Problem löste.

Es begann ihr klar zu werden, daß nichts im Leben dem bloßen Zufall unterliegt. Sie betrachtete nun öfter ihr Kind und versuchte herauszufinden, welchen Sinn wohl ein solch vollkommen mißgestaltetes Wesen auf Erden haben könnte. Sie löste das Rätsel. Wie sie es löste, geht aus einem von ihr verfaßten Gedicht hervor, das ich Ihnen nun vorlesen möchte. Sie ist keine Dichterin, jedoch ist es ein sehr nahegehendes Gedicht. Darin identifiziert sie sich mit ihrem Kind, das zu seiner Patentante spricht, weshalb sie auch diesen Versen die Überschrift gegeben hat: „Für meine Patentante“.

Was ist eine Patentante?
Ich weiß, daß du etwas Besonderes bist.
Du hattest viele Monate auf meine Ankunft gewartet.
Du warst damals zugegen und sahst mich, als ich nur
wenige Minuten alt war.
Und du wechseltest meine Windeln, als ich erst
wenige Tage zählte.
Du hattest dir in deinen Träumen ausgemalt, wie dein
erstes Patenkind wohl sein würde.
Es sollte genauso etwas Besonderes sein wie deine
Schwester.
Deine Gedanken begleiteten mich schon in die Schule,
auf die Universität und zum Traualtar.
Was würde aus mir werden? Eine Ehre für solche,
die mich haben durften?

Doch Gott hatte sich andere Pläne für mich
zurechtgelegt.

Ich bin nur ich.
Niemals hat jemand geäußert, ich sei etwas Wertvolles.
Irgend etwas funktionierte in meinem Kopf nicht richtig.
Ich werde für alle Zeit ein Kind Gottes bleiben.
Ich bin glücklich. Ich liebe alle, und alle lieben mich.
Ich vermag nur wenige Worte hervorzubringen.
Aber ich kann mich verständlich machen und verstehe Zuneigung, Wärme, Zärtlichkeit und Liebe.
In meinem Leben gibt es einige ganz besondere Menschen.
Manchmal sitze ich da und lächle vor mich hin und manchmal weine ich.
Ich möchte wohl gerne wissen, warum?
Ich bin glücklich und werde von einigen Menschen geliebt.
Ich kann niemandem weh tun. Ich kann nur lieben.
Und vielleicht benötigt Gott einige Kinder, die ganz einfach nur lieben.

Erinnerst du dich daran, als ich getauft wurde?
Du hieltest mich und hofftest, daß ich nicht schreien würde und daß du mich nicht fallen lassen würdest.
Aber nichts dergleichen geschah, und es war ein sehr glücklicher Tag.
Bist du darum meine Patentante?
Ich weiß, du bist sanft und warm und kosest mich.
Doch in deinen Augen befindet sich etwas ganz Besonderes.
Ich erblicke deine Liebe darin und empfinde diese

Liebe auch von anderen.
Ich muß etwas Besonderes sein, so viele Mütter haben zu dürfen.
Ich werde auf keinen Fall vor den Augen der Welt erfolgreich sein können.
Aber ich verspreche dir etwas anderes, was nur sehr wenige Leute können.
Da ich von allem nur die Liebe, das Gutsein und die Unschuld kenne,
Wird uns beiden, liebe Patentante, die Ewigkeit gehören.

Dies ist dieselbe Mutter, die noch einige Monate vorher bereit war, ihr Kind zum Schwimmbecken kriechen zu lassen in der Hoffnung, daß es hineinfiele und ertrinken würde, während sie in der Küche zu tun gehabt haben würde. Ich hoffe, daß Sie diese Umwandlung in dieser Frau wahrgenommen haben.

Dies ist es, was mit allen geschieht, die willens sind, alle Dinge des Lebens von zwei Seiten einer Münze zu betrachten. Nichts hat nur eine Seite, selbst wenn jemand todkrank darniederliegt, große Schmerzen hat und sich niemand ihm zuwendet, dem er sich anvertrauen könnte, selbst wenn er glaubt, daß der Tod ihn mitten aus dem Leben holen wolle, wo er noch nicht einmal begonnen habe, richtig zu leben, selbst dann schaue er auf die andere Seite der Münze.

Man gehört auf einmal zu jenen wenigen Leuten, die all ihren angehäuften Mist über Bord werfen können. Man kann auf einmal auf jemanden zugehen und sagen: „Ich liebe dich." Denn man weiß, daß man nur noch eine kurze Zeit hier ist. Man kann endlich Dinge tun, die man wirklich tun möchte. Wie viele von Ihnen in diesem Raum gehen in Wahrheit nicht jener Arbeit nach, die Sie eigentlich vom Grunde Ihres Herzens aus am liebsten getan hätten? Sie sollten nach Hause gehen und eine andere Arbeit beginnen. Begreifen Sie, was ich Ihnen eigentlich sagen möchte? Niemand sollte etwas tun, weil andere gesagt haben, dies oder das sollte man eigentlich tun. Dies kommt einem Heranwachsenden gleich, den man dazu zwingt, auf einen Beruf hin zu lernen, der gar nicht zu ihm paßt. Wenn man auf seine innere Stimme hört und auf sein eigenes inneres Wissen, das bezüglich sich selbst weit größer ist als jedes andere Wissen, wird man nicht fehlgehen, und man wird wissen, was man mit seinem Leben anzufangen hat. In diesem Zusammenhang spielt der Zeitfaktor gar keine Rolle.

Nachdem ich über viele Jahre hinweg mit Sterbenden zu tun gehabt hatte und nachdem ich über viele Jahre von ihnen gelernt hatte, worum es im Leben eigentlich geht, indem sie kurz vor ihrem Sterben, wenn also alles schon zu spät scheint, Dinge nannten, die sie bedauerten, nicht getan zu haben, begann ich darüber nachzudenken, was es mit dem Tode eigentlich auf sich habe . . .

In meinem Vorlesungssaal war der Bericht der Frau Schwarz für uns der erste Bericht einer Patientin, die ein außerkörperliches Erlebnis gehabt hatte. Wir verfügen bereits (1977) über Hunderte von solchen Berichten, seien sie in Kalifornien, in Australien oder anderswo aufgezeichnet. Sie alle haben einen gemeinsamen Nenner, nämlich den, daß die Betreffenden bei vollem Bewußtsein ihren physischen Körper ablegen. Jener Tod, von welchem uns die Wissenschaftler überzeugen wollen, existiert in Wirklichkeit überhaupt nicht. Der Tod ist ganz einfach das Heraustreten aus dem physischen Körper, und zwar in gleicher Weise, wie der Schmetterling aus seinem Kokon heraustritt. Der Tod ist ein Hinübergehen in einen neuen Bewußtseinszustand, in welchem man fortfährt, zu fühlen, zu sehen, zu hören, zu verstehen, zu lachen, und wo man befähigt ist, weiterhin zu wachsen. Und das einzige, was wir bei dieser Umwandlung verlieren, ist nämlich das, was wir nicht mehr brauchen, und das ist unser physischer Körper. Es ist so, als ob wir unseren Wintermantel beim Herannahen des Frühlings weghängten, da wir wissen, daß er schon zu sehr abgetragen ist und wir ihn sowieso nicht mehr anziehen wollen. Um nichts anderes handelt es sich eigentlich beim Tod.

Nicht einer meiner Patienten, denen ein solch todesnahes Erlebnis widerfahren war, hatte danach noch irgendwelche Furcht vor dem Tod. Und ich möchte nochmals betonen: auch nicht ein einziger! Viele dieser Patienten haben uns auch gesagt, daß sie außer dem bei ihnen allen sich eingestellt habenden Frieden und der Gleichmut und dem Innesein, wohl wahrnehmen zu können, aber nicht wahrgenommen zu werden, ein Gefühl des Ganzseins verspürt hatten. Darunter ist zu verstehen, daß jemand, der bei einem Autounfall ein Bein verloren hat und dieses auf der Straße liegen sieht, nach dem Heraustreten aus seinem physischen Körper jedoch bemerkt, daß er wieder im Vollbesitz seiner beiden Beine ist.

Eine unserer Patientinnen erblindete bei einer Explosion im Labor. Unmittelbar danach befand sie sich außerhalb ihres Körpers und konnte wieder sehen. Sie sah die weitere

Folge dieses Unfalls mit an und beschrieb später, was geschah, als Leute hinzueilten. Als es den Ärzten später gelang, sie wieder ins Leben zurückzuholen, war sie völlig erblindet. Verstehen Sie nun, warum sich viele von ihnen gegen unsere Versuche wehren, ins Leben zurückgeholt zu werden, wenn sie sich doch an einem weit wunderbareren, viel schöneren und vollkommeneren Ort befanden?

Die diesbezüglich beeindruckendsten Momente haben mit meiner noch nicht vor allzulanger Zeit aufgenommenen Arbeit mit sterbenden Kindern zu tun. Fast alle meine jetzigen Patienten sind Kinder. Ich bringe sie nach Hause, damit sie dort sterben können. Ich bereite ihre Eltern und ihre Geschwister darauf vor. Kinder haben die größte Angst davor, in den Momenten des Sterbens allein sein zu müssen und niemanden um sich zu wissen. Doch in dem Augenblick, wo die Umwandlung stattfindet, ist man niemals allein. Man ist auch im täglichen Leben nicht allein, aber man weiß nichts davon. Doch zur Zeit der Verwandlung werden unsere Geistführer, Schutzengel und solche Wesen, die wir geliebt hatten und die schon vor uns hinübergegangen waren, uns zur Seite stehen und uns bei unserer Umwandlung behilflich sein. Wir haben dies immer wieder bestätigt gefunden, so daß wir an dieser Tatsache nicht mehr zweifeln. Diese Aussage mache ich, wohl gemerkt, als Wissenschaftlerin! Immer ist jemand als Helfer zugegen, wenn wir jene Verwandlung durchmachen. In den meisten Fällen handelt es sich um die bereits „vorausgegangenen“ Väter oder Mütter, Großväter oder Großmütter oder auch um ein Kind, sofern dieses schon gestorben war. Und oft begegnen wir auch solchen, von denen wir noch gar nicht wußten, daß sie schon „auf der anderen Seite" weilten . . .

Wir haben den Fall einer Zwölfjährigen vorliegen, die ihrer Mutter nichts von ihrem so wunderschönen Erlebnis mitteilen wollte, da keine Mutter es hören möchte, daß eines ihrer Kinder es irgendwo anders schöner als bei ihr zuhause fand. Aber das ist ganz verständlich. Doch war ihr Erlebnis so einzigartig, daß sie es unbedingt jemandem erzählen mußte. So vertraute sie ihrem Vater an, daß sie, als sie „starb", solch wunderbare Erlebnisse gehabt habe, so daß sie keinen Wunsch verspürte, zurückzukommen. Das Besondere jedoch dabei war – abgesehen von der großartigen Pracht und der einfach fantastischen Lichtfülle und Liebe, die uns auch von den meisten anderen beschrieben worden waren –, daß ihr Bruder bei ihr war und sie mit aller Liebe und Zärtlichkeit in seine Arme schloß. Nachdem sie all dies ihrem Vater berichtet hatte, fügte sie hinzu: „Das einzige, was mich stutzig macht, ist die Tatsache, daß ich gar keinen Bruder habe." Daraufhin brachen dem Vater die Tränen aus, und er gab zu, daß sie tatsächlich einen Bruder gehabt habe, der allerdings schon drei Monate vor ihrer Geburt verstorben sei. Darüber hatte man ihr gegenüber jedoch nie etwas verlauten lassen. Verstehen Sie, warum ich Ihnen ein Beispiel wie dieses anführe? Weil viele Leute geneigt sind, zu sagen: „Nun ja, sie war ja noch nicht tot. Und im Moment des Sterbens denkt man ganz natürlich an seine Liebsten und stellt sie sich plastisch vor." Doch diese Zwölfjährige konnte sich ja ihren Bruder gar nicht vorgestellt haben.

Allen meinen todkranken Kindern stelle ich die Frage, wen sie am meisten zu sehen wünschten, wen sie am liebsten immer an ihrer Seite wüßten. Natürlich bezieht sich diese Frage immer auf die irdische Gegenwart. (Viele meiner Patienten haben keinen Glauben, weshalb ich auch nicht mit ihnen über ein Leben nach dem Tod sprechen könnte. Und meine Überzeugung dränge ich natürlich niemandem auf.) Ich frage also alle meine Kinder, wen sie immer an ihrer Seite wünschten, wenn sie sich für irgendeine Person entscheiden sollten. Neunundneunzig Prozent von ihnen entscheiden sich für „Mami" oder „Papi". Nur bei schwarzen Kindern verhält es sich anders. Sie bevorzugen oft eine ihrer Tanten oder Großmütter, da sie diese am meisten lieben oder doch am längsten um sich haben. Aber das sind nur kulturelle Unterschiede. Und keines meiner Kinder, die sich für „Mami" oder „Papi" entschieden hatten, haben späterhin berichtet, während ihres Erlebnisses in Todesnähe einen von ihren Eltern gesehen zu haben, es sei denn, einer von ihnen wäre schon „tot" gewesen.

Viele Leute werden wiederum sagen: „Dies ist eine aus dem Wunschdenken heraus erzeugte Gedankenprojektion. Denn jene, die sterben, sind einsam, fühlen sich verlassen und fürchten sich. Somit projizieren sie jemanden vor sich, den sie lieben." Wenn diese Behauptung wahr wäre, dann müßten neunundneunzig Prozent meiner Fünf-, Sechs- und Siebenjährigen ihre Mutter oder ihren Vater sehen. Aber nicht eines von all diesen Kindern, von denen wir über Jahre hinweg Fälle zusammengetragen haben, sagten darüber aus, daß sie bei ihrem Scheintoderlebnis ihre Mutter oder ihren Vater gesehen hätten, da diese ja noch lebten.

Zwei Bedingungen haben sich als ein gemeinsamer Nenner bei der Frage herausgestellt, wen man beim Scheintod sieht. Erstens, der oder die Gesehene muß schon vor einem selbst „hinübergegangen" sein und handele es sich dabei nur um eine Minute. Und zweitens, es muß zwischen beiden ein echtes Band der Liebe bestanden haben.

Ich habe aber die Geschichte der Frau Schwarz noch nicht zu Ende erzählt. Ich möchte noch hinzufügen, daß sie zwei Wochen, nachdem ihr Sohn die Schule beendet hatte, verstorben war. Als eine von vielen meiner Patienten hätte ich sie sicherlich wieder vergessen, wenn sie mich nicht wieder aufgesucht hätte.

Ungefähr zehn Monate, nachdem man sie beigesetzt hatte, mußte ich mich wieder einmal über etwas ärgern. Mein Seminar über Sterben und Tod drohte auseinanderzufallen. Ich mußte auf die Mitarbeit des Pastors, mit dem ich zusammenarbeitete und dem ich sehr zugetan war, verzichten. Der neue Pastor jedoch war sehr auf Publikumswirksamkeit bedacht, so daß er die öffentlichen Medien hinzuzog. Somit mußten wir jede Woche über die gleichen Dinge sprechen, denn aus meinem Seminar war inzwischen eine berühmte Vorstellung geworden. Ich legte aber keinerlei Wert darauf, hierbei noch weiterhin mitzuwirken. Mir kam es ähnlich vor, als ob man versuchte, ein Leben zu verlängern, wenn es doch keinen Wert hatte, noch weiterzuleben. Ich konnte nicht mehr ich selbst sein. Den einzigen Ausweg, um mich von dieser Arbeit zu entfernen, sah ich darin, die Universität ganz und gar zu verlassen. Natürlich wurde es mir schwer, denn ich liebte meine Arbeit, aber nicht in jener Richtung. Somit rang ich mich zu der Entscheidung durch: „Ich werde die Universität verlassen. Und noch heute im Anschluß an mein Seminar über Sterben und Tod werde ich meine Kündigung einreichen.“

Nach jedem Seminar schritten jener Pastor und ich gewöhnlicherweise zu den Aufzügen. Sobald einer der Fahrstühle hielt, beendeten wir unser Gespräch über unsere Arbeit. Das größte Hindernis für diesen Pastor bestand darin, daß er schwerhörig war, was meinen Kummer nur erhöhte. Auf dem Wege vom Vorlesungsraum zu den Aufzügen sagte ich ihm dreimal, daß er den Kurs übernehmen solle. Doch er hörte mich nicht, während er fortfuhr, über andere Dinge zu sprechen. Ich geriet an den Rand der Verzweiflung, und wenn ich verzweifelt bin, werde ich immer sehr aktiv. Bevor nun der Fahrstuhl hielt, faßte ich ihn – er war ein hühnenhafter Mann – beim Kragen und sagte: „Sie bleiben jetzt stehen! Ich habe eine furchtbar wichtige Entscheidung getroffen, und ich möchte, daß Sie davon wissen.“

In diesem Augenblick erschien eine Frau vor dem Aufzug. Ich mußte sie unwillkürlich anstarren. Ich kann nicht beschreiben, wie sie ausschaute, aber Sie können sich vorstellen, wie es einem zumute ist, wenn man jemanden erblickt, den man ganz genau kennt und doch plötzlich nicht mehr weiß, wer er oder sie ist. Ich sagte zu ihm: „Mein Gott, wer ist das? Ich kenne diese Frau. Sie schaut mich an und wartet darauf, daß Sie in den Fahrstuhl steigen, bevor sie zu mir kommen kann.“ Meine Gedanken beschäftigten sich so sehr mit dieser Frau, daß ich darüber schon ganz und gar vergessen hatte, daß ich ja den Pastor noch beim Kragen gepackt hielt. Durch ihr Erscheinen wurde mein Vorhaben vereitelt. Ihre Gestalt war sehr durchsichtig, aber doch nicht durchsichtig genug, daß man hinter ihr alles gesehen haben könnte. Ich fragte den Pastor nochmals, ob er jene

Frau kenne, aber er antwortete nichts, so daß ich ihn weiterhin nicht mehr mit Fragen belästigte. Das letzte, was ich in etwa noch zu ihm sagte, war: ,,Verflixt! Ich gehe zu ihr hinüber und werde ihr sagen, daß ich mich im Moment nicht mehr auf ihren Namen besinnen kann.“ Das waren meine letzten Worte, bevor er ging.

Sobald er in den Fahrstuhl gestiegen war, trat jene Frau auf mich zu und sagte: ,,Dr. Ross, ich mußte zurückkommen. Gestatten Sie, wenn ich Sie zu ihrem Arbeitszimmer begleite? Ich werde Ihre Zeit nur ganz kurz in Anspruch nehmen.“ So etwa äußerte sie sich. Und da sie anscheinend wußte, wo mein Arbeitszimmer war, und da sie meinen Namen kannte, fühlte ich mich aus meiner Verlegenheit gerettet, zumal ich nicht zuzugeben brauchte, mich nicht mehr an ihren Namen erinnern zu können. Dennoch war dies der längste Gang in meinem ganzen Leben. Ich bin eine Psychiaterin. Ich arbeite schon lange Zeit mit schizophrenen Patienten, und ich liebe sie. Wenn sie mir ihre visuellen Halluzinationen anvertrauten, habe ich ihnen wohl tausendmal entgegnet: ,,Ich weiß, Sie sehen eine Madonna an der Wand. Aber ich kann sie nicht sehen.“ Und jetzt sagte ich zu mir selbst: ,,Elisabeth, du weißt daß du diese Frau siehst. Aber es kann trotzdem nicht wahr sein.“

Können Sie sich in meine Lage versetzen? Den ganzen Weg entlang von den Aufzügen bis hin zu meinem Arbeitszimmer fragte ich mich, ob es wahr sein könne, was ich sah. Ich sagte zu mir selbst: ,,Ich bin übermüdet. Ich benötige Ferien. Ich muß diese Frau unbedingt anfassen, um herauszufinden, ob sie wirklich vorhanden ist.“ Ich faßte sie also an, um zu sehen, ob sie sich bei einer Berührung wieder auflösen würde. Ich befühlte ihre Haut, um herauszufinden, ob diese warm oder kalt sei. Es war wirklich der unglaublichste Gang, den ich je gegangen war. Und die ganze Zeit über wußte ich nicht einmal, warum ich tat, was ich tat, noch daß ich mir klar darüber wurde, für wen ich sie eigentlich halten sollte. Ich unterdrückte sogar den Gedanken, daß diese Erscheinung in der Tat Frau Schwarz sein könnte, die vor einigen Monaten begraben worden war.

Als wir zusammen meine Tür erreicht hatten, öffnete sie diese, als ob ich der Gast in meinem eigenen Zimmer wäre. Sie öffnete die Tür mit einer unwiderstehlichen Höflichkeit, Sanftheit und Liebe und sagte: ,,Dr. Ross, ich mußte aus zwei Gründen zurückkommen. Der eine Grund ist der, daß ich Ihnen und dem Pfarrer G. (er war der großartige schwarze Pfarrer, mit dem ich mich so überaus ideal verstanden hatte) für all das, was Sie an mir getan haben, meinen Dank sagen möchte. Aber der eigentliche Grund, warum ich zurückkommen mußte, ist der, Ihnen zu sagen, daß Sie diese Arbeit über das Sterben und den Tod nicht aufgeben dürfen, wenigstens noch nicht.“

Ich blickte sie an, und ich kann es nicht mehr sagen, ob ich zu jener Zeit schon glaubte, ich hätte wirklich Frau Schwarz vor mir, denn ich wußte ja, daß jene schon zehn Monate lang begraben lag, und außerdem glaubte ich gar nicht an die Möglichkeit solcherlei Dinge.

Ich ging schließlich zu meinem Schreibtisch. Ich berührte alle Gegenstände, die mir als Wirklichkeit vertraut waren. Ich faßte meinen Schreibtisch an, strich über den Tisch, befühlte den Stuhl. All das war wirklich vorhanden. Und Sie können sich denken, daß ich die ganze Zeit darauf hoffte, daß diese Frau endlich verschwinden würde. Aber sie verschwand nicht. Sie verharrte in ihrer Stellung und sagte hartnäckig aber in einem liebenswürdigen Ton: „Dr. Ross, hören Sie mich? Ihre Arbeit ist noch nicht beendet. Wir werden Ihnen helfen. Sie werden wissen, wann Sie damit aufhören können. Aber bitte, hören Sie damit jetzt noch nicht auf. Versprechen Sie es mir? Ihre wirkliche Arbeit hat erst begonnen!"

Ich jedoch dachte: „Mein Gott, niemand würde mir je Glauben schenken, wenn ich ihm über das jetzt Erlebte erzählen würde. Selbst meine nächsten Freunde würden mir nicht glauben wollen." Damals dachte ich natürlich noch gar nicht daran, daß ich hierüber sogar vor einigen hundert Leuten sprechen würde. Schließlich gewann der Wissenschaftler in mir die Oberhand, und ich wandte mich an sie mit etwas sehr Durchtriebenem. Ich sagte nämlich: „Sie werden wissen, daß Pastor G. jetzt in Urbana wohnt," denn er hatte dort eine Kirche übernommen. Ich fuhr fort: „Er würde sich bestimmt über einige Zeilen von Ihnen freuen. Hätten Sie etwas dagegen?" Und ich reichte ihr einen Stift und ein Blatt Papier.

Sie verstehen natürlich, daß ich keinerlei Absicht hatte, diese Zeilen an meinen Freund zu senden. Aber ich benötigte ein wissenschaftliches Beweisstück, denn, wie es sich versteht, kann keiner, der begraben ist, noch Briefe schreiben. Und diese Frau mit dem allermenschlichsten, nein, nicht menschlichen, mit dem allerliebevollsten Lächeln konnte alle meine Gedanken lesen. Und ich wußte wie nie zuvor, daß es sich hierbei um Gedankenlesen handelte. Sie nahm das Papier und schrieb ein paar Zeilen darauf, welches wir natürlich in Glas eingerahmt haben und als eine Kostbarkeit verwahren. Daraufhin sagte sie, und zwar ohne den Mund zu bewegen: „Sind Sie nun zufrieden?" Ich starrte sie an und dachte bei mir: „Ich werde dieses Erlebnis mit niemanden teilen können, aber ich werde diesen Papierbogen bewahren." Und dann, indem sie Anstalten machte, sich zurückzuziehen, wiederholte sie: „Dr. Ross, Sie versprechen es mir doch, nicht wahr?" Ich wußte, daß sie die Weiterführung meiner Arbeit meinte. Und ich entgegnete: „Ja, ich verspreche es." Und in demselben Augenblick, als ich sagte, „Ich verspreche es", verschwand sie. Wir sind immer noch im Besitz ihrer handgeschriebenen Zeilen . . .

Vor anderthalb Jahren wurde mir mitgeteilt, daß meine Arbeit mit Sterbenden nun abgeschlossen sei, da andere Leute sie jetzt fortsetzen könnten, und daß diese Arbeit nicht meine eigentliche Tätigkeit sei, weshalb ich auf Erden gekommen sei. Denn meine ganze Arbeit auf dem Gebiet des Sterbens und des Todes sei nur für mich eine Prüfung gewesen, um festzustellen, ob ich mich trotz Härte, Verunglimpfung, Widerstand und vielem mehr behaupten könne. Diese Prüfung habe ich bestanden. Die zweite Prüfung bestand darin, zu sehen, ob der Ruhm mir zu Kopf steigen würde. Doch der Ruhm ist mir nicht zu Kopf gestiegen. Auch diese Prüfung habe ich bestanden. Doch meine eigentliche Aufgabe besteht darin – und hierin benötige ich Ihre Mithilfe –, den Menschen zu sagen, daß es keinen Tod gibt. Es ist sehr wichtig, daß die Menschheit dieses weiß, denn wir stehen am Beginn einer sehr schwierigen Zeit, nicht nur für Amerika sondern für den ganzen Planeten Erde. Schuld daran ist unsere eigene Zerstörungssucht, schuld daran sind die Atomwaffen, schuld daran tragen unsere Habsucht und unser Materialismus, schuld daran ist unser Verhalten hinsichtlich der Umweltverschmutzung, schuld daran sind wir, weil wir so unendlich viele Gaben der Natur zerstört haben, und Schuld tragen wir darin, daß wir jegliche echte Vergeistigung verloren haben. Ich übertreibe ein bißchen, aber bestimmt nicht zu sehr. Das einzige Mittel, das eine neue Veränderung für ein neues Zeitalter herbeizuführen vermag, besteht darin, daß die Erde zu beben beginnt, auf daß wir aufgerüttelt werden.

Sie müssen das wissen, aber Sie müssen keine Angst haben. Nur wenn Sie sich ganz und gar für Höheres öffnen und keinerlei Angst haben, werden Ihnen höhere Einsichten und Offenbarungen mitgeteilt werden. Alle in diesem Raum können ihrer teilhaftig werden. Sie brauchen sich nicht deswegen an einen Guru zu wenden, Sie müssen nicht nach Indien reisen, Sie benötigen noch nicht einmal einen Meditationskurs. Sie müssen gar nichts anderes tun, als zu lernen, in der Stille mit Ihrem Selbst in Berührung zu kommen. Und das kostet Sie keinen einzigen Pfennig. Nehmen Sie Kontakt mit Ihrem eigenen innewohnenden Selbst auf und lernen Sie, jegliche Angst abzulegen. Und eine Möglichkeit, keine Angst mehr zu verspüren, besteht darin, zu wissen, daß es keinen Tod gibt und daß alles, was uns in diesem Leben begegnet, einem positiven Zweck dient. Legen Sie alle Ihre Negativität ab und beginnen Sie, das Leben als eine Herausforderung zu begreifen, als eine Prüfungsstätte, um Ihre inneren Fähigkeiten und Ihre Stärke zu erproben.

Es gibt keinen Zufall. Gott ist kein strafendes, verurteilendes Wesen. Nachdem Sie den physischen Körper endgültig abgelegt haben, gelangen Sie dorthin, was man als Hölle oder Himmel bezeichnet, wobei dies nichts mit dem Letzten Gericht zu tun hat. Was wir von unseren Freunden hören, die hinübergegangen sind, was wir von Leuten erfahren, die wieder zurückgekehrt sind, ist die Versicherung, daß jeder Mensch nach seinem Hinübergehen – wobei er das Gefühl des Friedens, der Ausgeglichenheit und der Ganzheitsfülle erleben durfte und wo ihm eine geliebte Person begegnete, die ihm bei diesem Übergang behilflich war –, daß also ein jeder von uns etwas betrachten muß, das einer Fernsehmattscheibe sehr ähnlich sieht, auf der sich jede unserer irdischen Taten, Worte und Gedanken widerspiegeln. Hiermit wird uns die Gelegenheit gegeben, selbst über uns anstelle eines gestrengen Gottes zu Gericht zu sitzen. Sie erschaffen sich schon durch Ihre diesseitige Lebensführung Ihre jenseitige Hölle oder Ihren jenseitigen Himmel.

LEBEN, TOD UND LEBEN NACH DEM TOD

Ich möchte mit Ihnen einige der Erfahrungen über Leben, Tod und das Leben nach den Tod teilen, die wir im Laufe des letzten Jahrzehnts gewonnen haben, seitdem wir damit begonnen hatten, den ganzen Bereich des Todes und eines Lebens nach den Tode ernsthaft zu studieren. Nachdem wir uns über so viele Jahre hinweg mit sterbenden Patienten befaßt hatten, wurde es uns klar, daß wir Menschen trotz unseres Vorhandenseins auf dieser Erde seit so vielen Millionen Jahren noch nicht zu einer klaren Beantwortung hinsichtlich der vielleicht wichtigsten Frage gekommen sind, nämlich derjenigen nach der Definierung, nach der Bedeutung und dem Zweck des Lebens und des Todes.

Ich möchte mit Ihnen nun einiges teilen, was wir auf dem Gebiet des Todes und eines Lebens nach dem Tode erforscht haben. Und ich halte die Zeit für gekommen, daß wir all das, was wir herausgefunden haben, in einer allgemein verständlichen Sprache zusammentragen, damit es von den Menschen verstanden wird, um ihnen vielleicht auch dort von Nutzen sein zu können, wo sie mit dem Tod eines ihrer engsten Angehörigen fertigzuwerden haben oder wo ein tragisches Ereignis jemanden ganz plötzlich hinwegraffte und dessen Hinterbliebene nicht voll verstehen können, warum ihnen diese Tragödie beschert worden war. Das Wissen um diese Dinge ist ebenfalls sehr wichtig, wenn es darum geht, Sterbenden und deren Familien mit Rat und Hilfe beizustehen. Immer wieder hört man die Frage: ,,Was ist das Leben? Was ist der Tod? Warum müssen Kinder, besonders die ganz kleinen, sterben?"

Wir haben bisher aus mancherlei Gründen unsere Untersuchungsergebnisse noch nicht veröffentlicht. Wir haben diese todesnahen Erfahrungen schon seit langem studiert, doch blieben wir dabei immer der Tatsache eingedenk, daß es sich ja eben „nur“ um ein todesnahes Erlebnis, also um keinen echten Tod handelte. Bevor wir jedoch noch nicht wußten, was mit jenen Leuten geschah, die jene Umwandlung vollzogen hatten, wollten wir über unsere Forschungen noch nicht sprechen, um keine Halbwahrheiten zu verbreiten. Das einzige, was Shanti Nilaya bisher über dieses Thema veröffentlicht hat, ist ein Brief, den ich mit Farbstiften schrieb und illustrierte und an einen neunjährigen, von Krebs heimgesuchten Jungen aus dem Süden der Vereinigten Staaten schickte, der in einem Brief an mich die sehr bewegende Frage stellte: „Was ist das Leben? Was ist der Tod? Und warum müssen kleine Kinder sterben?“. . .

Vor langer Zeit waren die Menschen in einem viel engeren Kontakt mit all dem, was den Tod angeht, und sie glaubten an einen Himmel oder an ein Leben nach dem Tod. Doch erst vor etwa hundert Jahren hatte der Prozeß begonnen, demzufolge immer weniger Leute mit Sicherheit wissen, daß uns, nachdem wir unseren physischen Körper abgelegt haben, ein Leben nach dem Tod erwartet. Wir wollen uns jetzt an dieser Stelle nicht weiter damit befassen, aufzuzeigen, wie es dazu gekommen ist. Wir befinden uns jetzt bereits in einem neuen Zeitalter von geistigen (im Gegensatz zu materiellen) Werten. Letzter Ausdruck darf nicht mit Religiosität gleichgesetzt werden. Vielmehr verstehen wir darunter ein Innesein, ein Begreifen, daß es etwas weit Größeres als uns gibt, das dieses Universum und das Leben erschaffen hat,und daß wir in dieser Schöpfung einen wichtigen und ganz bestimmten Teil darin ausmachen, der zur Entwicklung des Ganzen seinen Anteil beizutragen vermag.

Ein jeder von uns ist bei seiner Geburt aus der göttlichen Quelle mit dem göttlichen Funken versehen worden. Und dies bedeutet, daß wir einen Teil dieser Quelle in uns tragen. Es ist eben jener Teil in uns, der uns wissen läßt, daß wir unsterblich sind. Viele Leute beginnen wieder gewahr zu werden, daß der physische Körper nur das Haus, den Tempel oder – wie wir gerne sagen – den Kokon darstellt, welchen wir nur für eine bestimmte Anzahl von Jahren bewohnen, bis wir uns jener Umwandlung übergeben, die man als den Tod bezeichnet. Und sobald jener Tod eingetreten ist, entsteigen wir dem Kokon und bewegen uns frei wie ein Schmetterling, um ein Bild jener Symbolsprache zu wählen, von der wir Gebrauch machen, wenn wir über diese Thema zu sterbenden Kindern und ihren Geschwistern sprechen.

In den letzten zwanzig Jahren beschäftigte ich mich hauptsächlich mit sterbenden Patienten. Als ich damals mit dieser Arbeit begann, war ich weder an einem Leben nach dem Tod interessiert, noch war ich mir überhaupt klar darüber, was der Tod wirklich war, von jener mir vertrauten medizinischen Definition natürlich abgesehen. Wenn man sich mit der Definierung des Todes auseinandersetzt, wird man schnell merken, daß dabei immer nur von dem physischen Körper die Rede ist, als ob der Mensch nur aus jenem Kokon bestünde. Ich war einer jener Wissenschaftler, die diese Auffassung nie in Frage stellten. Ich glaube, daß die

Todesdefinition nur deshalb wieder aktualisiert wurde und Bedeutung gewann, weil man sich in den sechziger Jahren angesichts der Organverpflanzung, hauptsächlich derjenigen von Leber und Herz, die Frage stellte, wann wir ethisch, moralisch und gesetzlich dazu befugt seien, einem Patienten ein Organ zu entnehmen, um es einem anderen einzupflanzen und damit dessen Leben zu retten. Daraus ergaben sich in den letzten Jahren große Probleme für die Rechtsprechung, da unser Materialismus einen Punkt erreicht hatte, wo wir Ärzte von solchen verklagt wurden, die behaupteten, ihr Familienmitglied sei noch am Leben gewesen, als man ihm das betreffende Organ entfernte, oder man beschuldigt uns, daß wir mit der Organverpflanzung zu lange gezögert hätten, um ein Leben vielleicht unnötigerweise verlängert zu haben. Auch die Lebensversicherungsgesellschaften haben zur Aufwerfung dieses Problems beigetragen. Bei einem Familienunfall ist es zum Beispiel oft von äußerster Wichtigkeit zu wissen, wer von den Verstorbenen zuerst gestorben war und handele es sich dabei nur um Minuten. Wiederum dreht sich hier alles ums Geld und um die Frage, wem es zugesprochen werden soll. Es erübrigt sich zu sagen, daß mich diese Streitereien um den Tod unberührt gelassen hätten, wäre ich nicht durch meine Arbeit wie auch durch meine allereigensten Erfahrungen an den Betten meiner sterbenden Patienten mit diesem Problem konfrontiert worden.

Ich bin von Natur her ein skeptischer Halbgläubiger, um es noch gelinde auszudrücken. Als solcher interessierte ich mich nicht um die Eventualität eines Lebens nach dem Tod. Doch gewisse Beobachtungen, die sich so häufig wiederholten, ließen mir keine andere Wahl, als mich diesem Problem zuzuwenden. Ich begann mich also damals darüber zu verwundern, warum sich noch niemand des Todesproblems ernstlich angenommen hatte, um es zu erforschen, und zwar nicht aus bestimmten wissenschaftlichen Gründen oder um bei gerichtlichen Prozessen damit dienlich sein zu können, sondern ganz einfach aus natürlicher Neugier.

Der Mensch existiert seit vielen Millionen Jahren auf dem Erdplaneten, ist jedoch in seiner jetzigen Form, was seine Gottähnlichkeit mit einschließt, erst seit wenigen Millionen Jahren nachweisbar. Täglich sterben Menschen auf der ganzen Welt. Und dennoch werden in unserer Gesellschaft, die es so weit gebracht hat, einen Menschen zum Mond zu bringen und ihn wieder gesund und sicher zurückzuholen, keinerlei Anstrengungen unternommen, um den Tod zu erforschen und damit zu einer sich auf dem neuesten Stand befindlichen und alles umfassenden Definition des menschlichen Todes zu gelangen. Ist das nicht eigenartig?

Während ich mich also mitten in meiner Arbeit mit Sterbenden befand und außerdem meiner Lehrtätigkeit nachkam, entschieden meine Studenten und ich sich eines Tages ganz plötzlich, daß wir versuchen wollten, nach einer sich auf dem neuesten Stand befindlichen und alles umfassenden Definition des Todes zu suchen. Irgenwo steht geschrieben: „Frage, und es wird dir geantwortet werden. Klopfe an, und die Tür soll sich dir öffnen." Mit anderen Worten: Ein Lehrer wird erscheinen, wenn der Schüler bereit ist. Dieser Satz erwies sich uns als sehr zutreffend. Denn schon innerhalb der ersten Woche, nachdem wir diese bedeutende Frage gestellt und uns dazu verpflichtet hatten, eine Antwort auf unsere Fragestellung zu finden, besuchten uns einige Krankenschwestern, die mit uns ihr Erlebnis teilten, welches durch eine Frau ausgelöst wurde, die schon zum fünfzehnten Mal auf der Intensivstation gelegen hatte. Auch dieses Mal rechnete man mit dem Tod dieser Frau. Und wiederum wie jeweils zuvor brachte sie es fertig, die Intensivstation zu verlassen, um für einige weitere Wochen oder Monate zu leben. Sie war, wie wir nun sagen können, unser erster Fall eines todesnahen Erlebnisses.

Während wir diesen Fall untersuchten, achtete ich bei meinen Sterbenden gleichzeitig – und zwar mit gesteigerter Sensitivität und Aufmerksamkeit – auf alle jene unerklärten Phänomene, die sich kurz vor dem Tode einzustellen pflegen. Viele von ihnen begannen zu „halluzinieren" und die Worte der vor ihnen erscheinenden geliebten Abgeschiedenen wiederzugeben, mit welchen sie anscheinend irgendeine Art von Kommunikation führten. Was mich angeht, so konnte ich jene anderen weder hören noch sehen. Ich konnte weiterhin beobachten, daß selbst die aufgebrachtesten und schwierigsten Patienten ganz kurz vor dem Tod sich plötzlich entspannten und daß eine feierliche Ruhe von ihnen ausging, währenddessen die Schmerzen aufgehört hatten, obwohl der Körper von Krebsgeschwüren samt Metastasen heimgesucht war. Ebenfalls konnte ich beobachten, daß unmittelbar nach dem Absterben die Gesichtszüge meiner Patienten einen nicht für möglich gehaltenen Ausdruck von Frieden, Ausgewogenheit und feierlicher Freude wiedergaben, was ich nicht verstehen konnte, zumal es sich oft um einen Todesfall handelte, in welchem der Sterbende sich noch kurz zuvor im Zustand des Zornes, des

Rechtens oder der Depression befunden hatte.

Meine dritte und vielleicht subjektivste Beobachtung, die ich machte, bezog sich auf die Tatsache, daß ich zwar immer mit meinen Patienten engen Kontakt hatte und es mir selbst gestattete, mich ihnen mit ganzem Herzen und ganzer Liebe zu nähern. In einer sehr persönlichen und bedeutungsvollen Weise beeinflußten sie mein Leben und ich das ihre. Doch schon innerhalb von wenigen Minuten nach ihrem Tod waren meine Gefühle für sie verflogen, so daß ich mich darüber verwunderte und mich selbst fragte, ob mit mir etwas nicht stimme. Wenn ich sie auf ihrem Sterbebett betrachtete, hatte ich das Gefühl, als ob jene jetzt wie bei Ankunft des Frühlings ihren Wintermantel abgelegt hatten, da sie ihn nicht mehr benötigten. Ich hatte dann die unglaubliche Gewißheit, daß es sich bei diesem toten Körper nur um eine Hülle handelte und mein geliebter Patient sich nicht länger auf jenem Bett befand.

Natürlich konnte ich mir als Wissenschaftlerin diese Umstände nicht erklären und neigte daher dazu, solcherlei Beobachtungen zu verdrängen. Und es wäre auch sicherlich bei meiner Haltung geblieben, wenn nicht jene Frau Schwarz in mir eine Wende bewirkt hätte.

Ihr Mann litt unter Schizophrenie. Jedesmal wenn er einen Anfall hatte, versuchte er seinen Sohn zu töten, der als jüngstes und letztes von mehreren Kindern noch zuhause wohnte. Die Patientin war davon überzeugt, daß, so sie zu früh sterben sollte, ihr Mann seine Kontrolle verlieren könnte, wodurch das Leben ihres Jüngsten gefährdet sein würde. Mittels einer sozialen Fürsorgeorganisation glückte es uns, den Sohn in die Obhut einiger Familienmitglieder zu geben. Somit verließ Frau Schwarz das Krankenhaus mit großer Erleichterung und mit einer neuen Freiheit in dem Bewußtsein, daß, sollte sie auch selbst nicht mehr lange leben, so doch wenigstens ihr Sohn in Sicherheit war.

Eben jene Patientin kehrte nach etwa einem Jahr in unser Krankenhaus zurück und ließ uns durch ihren Bericht teilhaben an ihrem außerkörperlichen Erlebnis, der für uns der erste Fall eines todesnahen Erlebnisses, beziehungsweise eines Scheintoderlebnisses war. Solcherlei Erlebnisse wurden in den letzten Jahren in vielen Büchern und Zeitschriften veröffentlicht und sind dadurch der allgemeinen Öffentlichkeit bekannt gemacht worden. Ihrem Bericht zufolge, den Frau Schwarz uns zuteil werden ließ, wurde sie mit größter Dringlichkeit in ein Ortskrankenhaus im Staate Indiana eingeliefert, da sie sich in einem zu kritischen Zustand befand, um in ein Krankenhaus in dem entfernteren Chikago transportiert werden zu können. Wie sie sich erinnerte, wurde sie damals in einer äußerst heiklen Situation eingeliefert und sogleich auf ein Privatzimmer gelegt. Und gerade in dem Moment, als sie darüber nachdachte, ob sie noch einmal wegen ihres Sohnes dem Tode trotzen oder sich ihm ganz einfach ergeben sollte, indem sie sich in ihr Kissen zurücklehnte, um ihren Kokon abzulegen, wurde ihr gewahr, daß die Krankenschwester hereintrat, einen Blick auf sie warf und daraufhin eiligst hinausstürzte. Auf einmal jedoch sah sich Frau Schwarz langsam und seelenruhig aus ihrem physischen Körper gleiten und schwebte alsbald in einem gewissen Abstand über ihrem Bett. Mit einem Sinn für Humor erzählte sie uns, wie sie aus jener Distanz auf ihren unter ihr ausgestreckten Körper blickte, der sich so bleich und abstoßend ausnahm. Sie befiehl dabei ein Gefühl des Erstaunens und des Überraschtseins, war aber selbst nicht erschrocken oder ängstlich. Sie fuhr fort, uns zu berichten, wie sie die Wiederbelebungsmannschaft in das Zimmer hereinstürmen sah, und führte nun in allen Einzelheiten aus, wer von dieser zuerst und wer zuletzt hereinkam. Sie konnte nicht nur jedes Wort des geführten Wortwechsels völlig klar vernehmen, sondern sie vermochte auch die Gedanken eines jeden zu lesen. In ihr machte sich der Wunsch breit, jenen anderen zuzurufen, daß sie nicht so zu eilen brauchten, denn ihr selbst ginge es sehr gut. Aber je mehr sie sich verzweifelt bemühte, jene davon in Kenntnis zu setzen, desto emsiger schienen diese an ihrem Körper herumzuhantieren, bis es ihr schließlich dämmerte, daß nur sie die anderen vernehmen konnte, während jene jedoch ihre Worte nicht vernahmen. Daraufhin entschloß sich Frau Schwarz, ihre Bemühungen aufzugeben, und verlor alsbald, wie sie sich uns gegenüber wörtlich ausdrückte, ihr Bewußtsein. Sie wurde für tot erklärt, nachdem man fünfundvierzig Minuten vergeblich versucht hatte, sie ins Leben zurückzuholen. Doch später gab sie zum Erstaunen der Ärzte und Schwestern dennoch wieder Lebenszeichen von sich und lebte daraufhin noch anderthalb Jahre. Mit meinen Studenten und mir teilte sie späterhin dieses Erlebnis in einem meiner Seminare.

Es erübrigt sich wohl meinerseits, hier noch zu erwähnen, daß dies eine völlig neue Erfahrung für mich darstellte, denn ich hatte bis dahin noch nie etwas von einem solchen Scheintoderlebnis gehört, obwohl ich schon seit vielen Jahren Ärztin war. Meine Studenten zeigten sich verwundert, daß ich dieses Erlebnis nicht einfach als eine Halluzination, eine Illusion oder als ein Sichauflösen des Persönlichkeitsgefühls (feeling of depersonification) klassifizierte. Sie hatten das verzweifelte Verlangen, diesem geschilderten Vorgang eine Benennung zu geben, bei welcher man es identifizieren und somit zur Seite schieben konnte, um nichts mehr damit zu tun haben zu müssen.

Das Erlebnis der Frau Schwarz war, wie wir fest glaubten, sicherlich kein völlig vereinzelter Fall. Wir hofften nun darauf, daß es uns gelingen möge, mehrere solcher Fälle aufzuspüren und eventuell sogar genügend Informationen zu sammeln, um zu sehen, ob das Scheintoderlebnis eine häufig vorkommende, eine seltene oder gar nur eine einmalige Begebenheit sei, die ganz allein Frau Schwarz erlebt hatte.

Ich brauche wohl kaum noch darauf hinzuweisen, denn es ist bereits auf der ganzen Welt bekannt, daß viele, viele Forscher, Ärzte, Psychologen und solche, die sich mit parapsychologischen Phänomenen befassen, es unternahmen, nach Fällen wie dem unsrigen zu forschen. Und tatsächlich sind in den letzten zehn Jahren weltweit über fünfundzwanzigtausend Fälle zusammengetragen worden.

Vielleicht mag es am angebrachtesten sein, wenn ich einmal anführe, was all diese klinisch Toten erleben, sobald ihre physisch-körperlichen Funktionen zu arbeiten aufgehört haben. Wir nennen es einfach Scheintoderlebnis oder todesnahes Erlebnis (near death experience), da es allen jenen Patienten vergönnt war, zurückzukehren, um nach ihrer Genesung beziehungsweise Besserung ihr Erlebnis mit uns zu teilen. Ich möchte später noch darüber sprechen, was mit denen geschieht, die nicht zurückkommen. Es ist von Wichtigkeit zu wissen, daß von all jenen Patienten, denen das Herz versagte und erst durch Wiederbelebungsbehandlung wieder zu schlagen begann, nur einem von zehn eine völlige Erinnerung an seine Erlebnisse verbleibt, die er während seines Lebensstillstandes hatte. Dieses Proportionsverhältnis mag uns nicht verwundern angesichts der bekannten Tatsache, daß wir alle träumen, während nur ein geringer Prozentsatz der Träume in Erinnerung bleibt.

Nicht nur aus den Vereinigten Staaten, sondern auch aus Kanada, Australien und anderswo sammelten wir die Fakten über jene todesnahen Erlebnisse. Der Jüngste, von dem wir ein solches Erlebnis aufgezeichnet haben, war zwei Jahre alt, der Älteste hatte ein Alter von siebenundneunzig Jahren erreicht. In unserer Sammlung befinden sich todesnahe Erlebnisse von Menschen verschiedenster kultureller und religiöser Herkunft wie zum Beispiel solche von Eskimos, von den Urbewohnern Hawais und Australiens, von Hindus, Buddhisten, Protestanten, Katholiken, Juden, weiterhin auch von solchen, die keiner Religion zugehören, eingerechnet jenen, die sich als Agnostiker oder Atheisten bezeichnen. Es war für uns wichtig, Fälle aus den unterschiedlichsten religiösen und kulturellen Bereichen zu sammeln, um ganz sicher zu gehen, daß unsere Untersuchungen nicht als nicht beweiskräftig genug abgetan werden konnten. Im Verlauf unserer Nachforschungen konnten wir nachweisen, daß dieses todesnahe Erlebnis nicht auf irgendeinen Menschenkreis beschränkt bleibt und daß es auch nichts mit alten Religionen und anderem zu tun hat. Ebenso bleibt dieses Erlebnis unbeeinflußt davon, ob ihm ein Unfall, Mord, Selbstmord oder ein schleichender Tod vorausging. Über die Hälfte unserer vorliegenden Fälle gehen auf Erlebnisse zurück, die sich nach einem plötzlich eingetretenen Scheintod einstellten, so daß die Personen vorher keine Zeit mehr gehabt haben konnten, sich darauf vorzubereiten oder irgendein Ereignis zu erwarten.

Nach all den Jahren des Zusammentragens von Fällen können wir sagen, daß sich bei all diesen todesnahen Erlebnissen folgende Tatsachen als gemeinsamer Nenner bestimmen lassen:

Im Moment des Todes werden wir alle die Trennung des wirklichen, unsterblichen Ichs von seinem zeitlichen Haus, nämlich dem physichen Körper, erleben. Dieses unsterbliche Selbst wird auch Seele oder Entität genannt. Oder, wenn wir uns symbolisch ausdrücken, wie wir es gegenüber Kindern tun, so könnten wir dieses sich aus dem Erdenkörper befreiende Selbst mit dem aus seinem Kokon schlüpfenden Schmetterling vergleichen. Sobald wir unseren physischen Körper verlassen haben, werden wir uns inne, daß wir von keinerlei Panik, Angst oder Sorge erfaßt werden. Wir erleben uns dann immer als eine vollständig körperliche Einheit. Wir sind uns vollkommen des Schauplatzes bewußt, an welchem der Unfall oder der Tod stattgefunden hat, egal, ob es sich dabei um ein Krankenzimmer oder um unser eigenes Schlafzimmer handelte, in welchem wir von einer Herzattacke heimgesucht wurden, oder ob es der Ort war, wo sich der Autounfall oder der Flugzeugabsturz ereignete. Wir können deutlich wahrnehmen, welche Personen sich zum Beispiel in einer Wiederbelebungsmannschaft befinden oder bei einer Gruppe von Herbeigeeilten, die sich damit zu schaffen macht, einen verletzten oder gar verunstalteten Körper aus den Trümmern eines Wagens zu befreien. Wir vermögen dies uns alles aus ein paar Metern Entfernung mitanzusehen, ohne daß unsere geistige Verfassung zu sehr daran Anteil nimmt. Man erlaube mir, wenn ich von der geistigen Verfassung spreche, da wir in den meisten Fällen in diesen Momenten nicht mehr mit dem physischen Denkapparat oder dem funktionierenden Gehirn verbunden sind.

Diese Vorgänge ereignen sich sehr oft gerade dann, wenn entweder keine Gehirnwellen mehr meßbar sind, die anzeigen könnten, ob das Gehirn noch funktioniert, oder wenn die Ärzte keinerlei Lebenszeichen mehr feststellen können. In den Momenten, in welchen wir unserer eigenen Todesszenerie beiwohnen, nehmen wir die Gespräche der Anwesenden wahr samt deren Eigenheiten, ihrer Kleidung und ihren Gedanken, ohne daß wir dabei über das ganze Geschehen negativ beeindruckt sind.

Unser zweiter Körper, in welchem wir uns zu dieser Zeit vorübergehend aufhalten und den wir als solchen wahrnehmen, ist nicht der physische, sondern ein ätherischer Körper. Später möchte ich noch über die Unterschiede zwischen der physischen, psychischen und spirituellen Energie sprechen, die diesen Leib entstehen lassen. In diesem zweiten vorübergehenden Leib erfahren wir uns als körperlich vollständige Einheit, wie ich schon erwähnt habe. Denn so wir Beinamputierte waren, verfügen wir nun wieder über unsere beiden Beine. So wir taubstumm waren, können wir wieder hören, sprechen und singen. So wir Patienten waren, die durch Multiple Sklerose an den Rollstuhl gefesselt waren, deren Sicht verschwommen und deren Sprache verzerrt waren und die auch unfähig waren, ihre Beine zu bewegen, können wir nun wieder singen und tanzen.

Es ist verständlich, daß viele unserer Patienten, die erfolgreich wiederbelebt wurden, nicht immer dankbar dafür sind, daß ihr Schmetterling wieder zurück in den Kokon gezwängt wurde, denn mit dem Wiedereinsetzen unserer Körperfunktionen müssen wir abermals die dazugehörenden Schmerzen und Gebrechen annehmen, während wir uns soeben in unserem ätherischen Körper jenseits aller Schmerzen und Gebrechen befanden.

Viele meiner Kollegen glauben, daß dieser Zustand ganz einfach auf die Projektion von Wunschgedanken zurückzuführen sei, was ja völlig naheliegt, anzunehmen. Denn wenn jemand über viele Jahre hinweg gelähmt, taub, blind und körperbehindert gewesen ist, dann mag er sich sicherlich eine Zeit herbeisehnen, in welcher sein Leidenszustand beendet ist. Daß es sich bei den uns vorliegenden Fällen sicherlich nicht um Wunschgedankenprojektionen handelt, können wir anhand folgender Tatsachen ersehen.

Erstens: Die Hälfte der von uns gesammelten Fälle von todesnahen Erlebnissen sind auf ganz plötzliche und also unerwartete Unfälle zurückzuführen, bei denen die Betroffenen nicht voraussehen konnten, was ihnen bevorstand, wie zum Beispiel in dem Falle, in welchem einer unserer Patienten bei einem Unfall beide Beine verlor, nachdem er von einem Auto, dessen Fahrer Fahrerflucht beging, angefahren worden war. Doch als er sich außerhalb seines physischen Körpers befand und das eine seiner Beine sogar auf der Straße liegen sah, war er sich doch dessen ganz bewußt, daß er in einem ganz und gar vollkommenen ätherischen Körper steckte, an welchem sich auch beide Beine befanden. Wir können also nicht annehmen, daß solche Leute schon im voraus wußten, daß sie ihre Beine verlieren würden und deshalb in ihrem Wunschdenken programmierten, später wieder gehen zu können.

Aber es gibt einen zweiten und einfacheren Beleg für die Tatsache, daß man bei diesen todesnahen Erlebnissen die These von der Wunschgedankenprojektion ausklammern muß. Und diesen Beweis erhalten wir von Blinden, die in jenem todesnahen Zustand eben nicht mehr blind sind. Wir baten sie, ihre todesnahen Erlebnisse mit uns zu teilen. Wenn es sich bei ihren Erlebnissen nur um Wunschgedankenprojektionen gehandelt hätte, wären sie nicht in der Lage, uns die Pulloverfarbe, die Schlipsbemusterung oder aufs Genaueste die Muster, Farben und Zuschnitte der einzelnen Kleidungsstücke wiederzugeben, welche die Anwesenden zu jenem Zeitpunkt getragen hatten. Wir haben eine ganze Reihe von völlig Erblindeten nach ihren todesnahen Erlebnissen gefragt. Sie waren also nicht nur fähig, uns zu sagen, wer das Zimmer zuerst betreten oder wer die Wiederbelebung durchgeführt hatte, sondern sie konnten uns mit aller Genauigkeit das Aussehen und die Kleidungsstücke aller Anwesenden beschreiben, eine Fähigkeit also, über die völlig Blinde auf keinen Fall verfügen.

Außer der Schmerzlosigkeit und dem Gewahrwerden einer körperlichen Ganzheit werden sich die Menschen in diesem vorgetäuschten perfekten Körper, den man als ätherischen Körper bezeichnen mag, dessen bewußt, daß es unmöglich ist, allein zu sterben. Daß keiner allein sterben kann, dafür gibt es drei Gründe. Und wenn ich sage „keiner", so meine ich auch jenen, der allein einige hundert Kilometer weit vom nächsten Menschen entfernt in der Wüste verdurstet, oder ich denke auch an einen Astronauten, der in einer Raumkapsel ziellos durch das Universum schwebt, nachdem seine Mission fehlgeschlagen ist, bis er schließlich seinem Tod anheimfällt.

Nicht nur von Erwachsenen, sondern gerade von vielen krebskranken Kindern, die sich auf ihren Tod vorbereiten, hören wir, daß sie sich der Tatsache gewahr werden, ihren physischen Körper verlassen zu können und somit – wie wir es nennen – ein außerkörperliches Erlebnis zu haben. Wir alle haben solche außerkörperlichen Erlebnisse während bestimmter Schlafphasen, doch werden sich dessen nur sehr wenige bewußt. Sterbende Kinder, besonders solche, die schon innerlich vorbereitet sind, erweisen sich als viel spiritueller als gesunde Kinder und sind sich ihrer kurzen Ausflüge aus ihrem Körper bewußt. Dies kommt ihnen natürlich bei ihrer Umwandlung zustatten, so daß sie sich leichter mit der neuen Umgebung, in die sie gelangen, vertraut machen können.

Es ist gerade während dieser Austritte aus dem Körper, von denen uns die sterbenden Kinder und Erwachsenen erzählen, daß sie sich der Gegenwart der sie umgebenden Wesen gewahr werden, von denen sie geführt werden und Hilfe bekommen. Kleine Kinder nennen sie oft ihre „Spielkameraden". Die Kirchen haben ihnen den Namen „Schutzengel" gegeben, während sie von den meisten Forschern als „Geistführer" bezeichnet werden. Es ist unwichtig, welche Bezeichnung wir ihnen geben. Aber es ist wichtig zu wissen, daß jeder einzelne Mensch von dem Augenblick an, wo er den ersten Atemzug tut, bis zu dem Augenblick, wo er sich der Verwandlung übergibt und somit seine physische Existenz beendet, von Geistführern und Schutzengeln umgeben wird, die auf ihn warten und ihm bei der Umwandlung von einem Leben in das andere jenseits des Todes behilflich sein werden.

Ebenfalls werden wir jeweils von denen empfangen, die uns im Tod vorausgegangen waren und die wir einst geliebt hatten. Unter den uns Empfangenden können sich zum Beispiel unsere Kinder befinden, die wir früh verloren hatten, oder die Großeltern, Vater, Mutter oder andere Personen, die uns im Erdenleben nahestanden.

Der dritte Grund, warum wir bei unserem Hinübergang nicht allein sind, ist der, daß wir uns dann, nachdem wir dem Erdenkörper entschlüpft sind – was auch schon vor dem eigentlichen Tod geschehen kann –, in einem Sein befinden, in welchem es weder Raum noch Zeit gibt, da wir uns in ihm mit Gedankenschnelle überall nach dort, wohin wir uns auch immer wünschen wollen, hinbegeben können.

Eine kleine an Leukämie erkrankte Susy, die in einem Krankenhaus im Sterben liegt, mag von ihrer Mutter tagein, tagaus an ihrem Bettchen umhegt werden. Und der Kleinen wird es ganz klar, daß es ihr von Mal zu Mal schwieriger wird, ihre Mutter zu verlassen,die sich hin und wieder über das Bettgitter lehnen mag und ihr manchmal zuraunt: „Liebling, stirb nicht. Tu mir das nicht an. Ich könnte ohne dich nicht leben.“ Diese Mutter – und sie steht stellvertretend für viele von uns – belastet das Gewissen der Sterbenden mit einem Schuldgefühl. Und Susy, die während des

Schlafes und auch im Wachzustand den Körper verlassen hatte, um im wahrsten Sinne des Wortes überall, wohin sie nur mochte, hinzufliegen, wobei ihr das Gefühl der totalen Liebe sowie das Bewußtsein über ihre nachtodliche Existenz samt der Fortdauer ihres Lebens teilhaftig geworden war, bittet nun ganz einfach ihre Mutter darum, das Krankenhaus zu verlassen. Kinder sagen in solchen Situationen: „Mami, du siehst so müde aus. Warum gehst du nicht nach Hause, nimmst eine Dusche und legst dich schlafen? Wirklich, mir geht es sehr gut." Und eine halbe Stunde später mag bei ihr zuhause schon das Telefon klingeln, und jemand aus dem Krankenhaus mag sagen: „Es tut uns sehr leid, Frau Schmidt, Ihnen mitteilen zu müssen, daß Ihre Tochter soeben verstorben ist."

Unglücklicherweise belasten sich diese Eltern anschließend sehr oft mit einem ungeheueren Berg von Schuldgefühlen. Sie schämen sich und tadeln sich, daß sie nicht doch noch einen halben Tag länger am Sterbebett ausgehalten haben, um im Moment des Todes bei ihrem Kind dabeigewesen zu sein. Diese Eltern wissen meist nicht, daß niemand allein sterben kann. Denn unsere kleine Susy ist bereits losgelöst von ihrer irdischen Verhaftung. Denn sie wurde fähig, aus ihrem Kokon zu schlüpfen und sich sehr rasch davon zu befreien. Sie wird daraufhin mit Gedankenschnelle zu ihrer Mami und ihrem Papi eilen, oder zu wem sie sich immer hingezogen fühlen mag.

Wir alle sind mit den Merkmalen der Göttlichkeit ausgestattet, wie ich schon erwähnt habe. Vor vielen Millionen Jahren haben wir dieses Geschenk erhalten. Außer dem uns seit damals gewährten freien Willen wurde uns auch die Fähigkeit zuerteilt, unseren pysischen Körper zu verlassen, und das nicht nur zur Zeit des Todes, sondern auch in Lebenskrisen, bei Erschöpfung, bei außerordentlichen Umständen wie auch während gewisser Schlafphasen.

Victor Frankl schrieb das ganz wundervolle Buch ,,The search for meaning" (,,Trotzdem ja zum Leben sagen"), in welchem er seine Erfahrungen im Konzentrationslager schilderte. Er ist wahrscheinlich der bekannteste Wissenschaftler, der die außerkörperlichen Erlebnisse studierte. Vor einigen Jahrzehnten, als man sich für solche Themen noch recht wenig interessierte, sammelte er bereits Berichte von solchen, die in Europa von Bergklippen herabgestürzt waren und dabei angesichts des Todes ihr ganzes Leben wie in einem Film vor sich ablaufen sahen. Er untersuchte, wieviel diese in jenen Sekunden während des Fallens aus ihrem Lebensfilm vor ihrem geistigen Auge ablaufen sahen. Hierdurch kam er zur Feststellung, daß während jener außerkörperlichen Erfahrungen die Zeit als solche unmöglich existieren kann. Viele Menschen haben kurz vor dem Ertrinken oder anläßlich einer anderen Gefahrensituation ein ähnliches Erlebnis gehabt.

Unsere diesbezüglichen Untersuchungen sind durch die wissenschaftlichen Experimente bestätigt worden, die in Verbindung mit Robert Monroe, dem Autor des Buches: ,,Der Mann mit den zwei Leben", durchgeführt worden waren. Ich selbst habe nicht nur eigene spontane außerkörperliche Erfahrungen gehabt, sondern auch solche, die unter wissenschaftlichen Bedingungen in Monroes Laboratorium von ihm selbst geleitet, jedoch von einigen Wissenschaftlern der Menninger-Stiftung aus Topeka überwacht und ausgewertet wurden. Immer mehr Wissenschaftler und Forscher wiederholen bereits seine Forschungsmethoden und finden sie durchführbar und ergebnisreich. Und natürlich führen solche Untersuchungen zu weitgesteckteren Überlegungen hinsichtlich einer zusätzlichen Dimension, die mit unserem dreidimensionalen wissenschaftlichen Denken nur schwer zu vereinbaren ist.

Man ist uns ebenfalls um schlüssige Beweise angegangen für die Behauptung, daß Geistführer und Schutzengel existent sind, daß sich weiterhin beim Tod Jenseitige einfinden, die zur Familie des Sterbenden gehörten und ihm im Tod vorausgegangen waren, um ihn nun nach seinem Übergang zu begrüßen. Wie aber kann man diese so häufig sich wiederholenden Behauptungen wissenschaftlich beweisen?

Für mich als Psychiaterin war es interessant, daß Tausende von Menschen überall auf dieser Erde vor ihrem Tod die gleichen Halluzinationen haben sollten, in denen sie sich der Anwesenheit einiger ihrer Verwandten und Freunde bewußt wurden, die schon vor ihnen verstorben waren. Man müßte doch einmal der Frage nachgehen, ob vielleicht hinter diesen Behauptungen der Sterbenden nicht doch etwas Wahres verborgen ist. Und so machten wir uns daran, herauszufinden, wie man Wege und Mittel finden könnte, um diese Behauptungen zu überprüfen, sie dann entweder als richtig zu beweisen, oder sie einfach als Projektionen von Wunschgedanken zu entlarven.

Wir glaubten, dieses Problem vielleicht am besten studieren zu können, wenn wir uns an die Betten von sterbenden Kindern setzten, die nach einem Autounfall der Familie eingeliefert worden waren. Diese Untersuchungen führten wir meist nach dem 4. Juli, dem Memorial Day, dem Labor Day und an Wochenenden durch, wenn ganze Familien mit ihrem großen Wagen unterwegs zu sein pflegen und allzuoft Frontalzusammenstöße verursachen, bei denen einige Familienmitglieder sofort getötet, andere aber verletzt in verschiedene Krankenhäuser eingeliefert werden. Ich habe mir die Aufgabe auferlegt, mich an das Bett der kritisch verletzten Kinder zu setzen, da ich mich ja im besonderen Maß der Kinder annehme. Ich wußte jeweils ganz sicher, daß jene Sterbenden noch nicht über die Anzahl und die Namen ihrer übrigen Verwandten informiert worden waren, die bereits aufgrund des Unfalls gestorben waren. Es war für mich faszinierend zu hören, daß sie immer ganz genau wußten, wer von den übrigen schon verstorben war. Ich sitze bei ihnen, beobachte sie in aller Stille, vielleicht halte ich auch ihre Hand. So wird mir auch jede bei ihnen aufkommende Unruhe sofort erkenntlich. Kurz vor dem Tod stellt sich bei ihnen oft eine friedliche Feierlichkeit ein, was immer auf ein bedeutsames Anzeichen hinweist. In diesem Moment frage ich sie, ob sie bereit und fähig seien, ihre augenblicklichen Erlebnisse mit mir zu teilen. Und sie antworten mir oft in ähnlichen Worten wie jenes Kind, das sagte: „Alles ist jetzt in Ordnung. Meine Mutter und Peter warten schon auf mich." Ich wußte bereits zu dieser Zeit, daß seine Mutter schon am Unfallort gestorben war, doch daß sein Bruder Peter bereits gestorben sein sollte, davon war mir noch nicht berichtet worden. Kurze Zeit darauf nahm ich einen Anruf vom Kinderkrankenhaus entgegen. Man teilte mir mit, daß Peter vor zehn Minuten gestorben sei.

Während all der Jahre, in denen wir solche Fälle zusammentrugen, haben wir es bei keinem Kind erlebt, daß es in seinen Sterbeminuten ein Familienmitglied erwähnt hätte, das nicht schon gestorben war, und wäre es nur vor wenigen Minuten gewesen. Ich kann mir diese Tatsache nicht anders erklären, als daß ich mich der Behauptung anschließe, daß diese Sterbenden sich schon der Gegenwart ihrer verstorbenen Familienmitglieder bewußt sind. Jene haben auf die Hinübergehenden gewartet, um sich in einer unterschiedlichen Daseinsform mit ihnen wieder vereinigen zu können. Aber daß es sich so verhalten soll, können sich gewiß viele Menschen noch nicht vorstellen.

Ein anderes Erlebnis bewegte mich sogar noch mehr als jene, die ich bei Kindern hatte. Es handelt sich um einen Fall einer amerikanischen Indianerin. Über die amerikanischen Indianer liegen in unseren Unterlagen nur wenige Fakten vor, da sie sich nur selten zu dem Thema Sterben und Tod äußern. Diese junge Indianerin wurde von einem Fahrerflüchtigen auf einer Fernstraße angefahren. Ein fremder Mann hielt seinen Wagen an, um ihr zu helfen. Sie sagte ihm in aller Ruhe, daß es für sie nichts mehr zu tun gebe, außer vielleicht der Erfüllung eines Gefallens nachzukommen, daß jener Fremde, sollte er sich einmal zufällig in der Nähe des Indianerreservats aufhalten, ihre Mutter aufsuchen möge, die über tausend Kilometer von der Unfallstätte weit entfernt wohne. Sie habe eine Botschaft für sie, die er ihr vielleicht einmal überbringen könne. Diese Botschaft beinhaltete, daß es ihr gut ginge und sie sich glücklich fühle, da ihr Vater bereits bei ihr wäre. Daraufhin verstarb sie in den Armen des Fremden, der jedoch von diesem Ereignis so berührt war, daß er sich sofort aufmachte, um jene weite Strecke, die keinesfalls seiner Reiseroute entsprach, zurückzulegen. In dem bezeichneten Indianerreservat angekommen, erfuhr er von jener Mutter, daß ihr Mann, der Vater der Verstorbenen also, nur eine Stunde vor jenem über tausend Kilometer stattgefunden habenden Unglück an Herzversagen verstorben sei.

Uns liegen viele Fälle wie dieser vor, bei denen die Sterbenden von dem Absterben eines Familienmitgliedes in Unkenntnis belassen wurden und dennoch, wie sie aussagten, von jenen empfangen worden sind. Wir wurden uns klar, daß diese Patienten nicht beabsichtigten, uns davon zu überzeugen, daß es keinen Tod gibt, sondern daß sie nur ihr als eine Tatsächlichkeit erkanntes Erlebnis mit uns teilen wollten. Wenn Sie selbst erst einmal dazu bereit sind, sich solchen Dingen gegenüber unvoreingenommen öffnen zu können, dann werden auch Sie Ihre eigenen diesbezüglichen Erfahrungen haben können. Man erhält sie sehr leicht, wenn man darum bittet.

In jedem Auditorium von achthundert Leuten befinden sich wenigstens zwölf Menschen, die solch ein nahes Todeserlebnis gehabt hatten und auch dazu bereit sein würden, es mit Ihnen zu teilen, wenn Sie unvoreingenommen genug sein sollten, es sich anzuhören und sich nicht einer solchen Mitteilung durch Kritik, Negativität, Verurteilung und durch den Zwang, das Gehörte gleich mit einem psychiatrischen Namen zu etikettieren, zu verschließen. Der einzige Grund, warum diese Leute davon zurückgehalten werden, ihr Erlebnis anderen mitzuteilen, ist die in unserer Gesellschaft eingenistete unglaubliche Haltung, solche

Dinge zu bespötteln oder abzulehnen, denn sie sind uns unangenehm und passen nicht in unser wissenschaftliches oder religiöses Konzept. All diese Ereignisse über die ich nun zu Ihnen gesprochen habe, werden auch Ihnen in irgendeiner kritischen Lebenssituation oder kurz vor Ihrem Tod begegnen.

Mein dramatischster und mir immer in Erinnerung bleibender Fall von Bitte-und-es-soll-dir-gegeben-werden in Verbindung mit einem todesnahen Erlebnis war ein Mann, der von seiner ganzen Familie für einen Memorial-day-Wochenendausflug von seiner Arbeitsstätte abgeholt werden sollte, um einige Verwandte außerhalb der Stadt aufzusuchen. Als sich der Familienbus, in welchem sich seine Schwiegereltern, seine Frau und seine acht Kinder befanden, schon auf dem Weg zu ihm befand, stieß dieser mit einem Gasolinlastzug zusammen. Das auslaufende und alsbald in Brand geratene Benzin ergoß sich über den Kleinbus und verbrannte alle Insassen. Nachdem dieser Mann von jenem Unglück gehört hatte, verharrte er über einige Wochen hindurch in einem Zustand des totalen Schocks und der Erstarrung. Er ging nicht mehr zur Arbeit und war nicht in der Lage, zu irgend jemandem zu sprechen. Und schließlich, um eine lange Geschichte abzukürzen, wurde aus ihm ein verwahrloster Mensch, der jeden Tag einen halben Liter Whisky trank und Heroin sowohl als andere Drogen zu sich nahm, um seinen Schmerz zu betäuben. Er war nicht mehr fähig, für längere Zeit einer Arbeit nachzugehen, und landete schließlich – im wahrsten Sinne des Wortes – im Straßengraben.

Während einer meiner hektischen Vortragsreisen hatte

ich in Santa Barbara schon zwei Vorträge über das Thema „Leben nach dem Tod" abgehalten, als eine Gruppe von Krankenpersonal mich um einen abermaligen Vortrag ersuchte. Als ich nun bei diesem dritten Vortrag meine einleitenden Worte gesagt hatte, wurde es mir ganz bewußt, daß ich sehr müde war, immer wieder die gleichen Geschichten zu erzählen. Zu mir selbst sagte ich in Gedanken: „O Gott, warum sendest Du mir nicht jemanden aus dem Kreis der Zuhörerschaft, der ein solch todesnahes Erlebnis hatte und willens ist, es mit den anderen zu teilen, damit ich einmal eine Pause einlegen kann, sie aber einen Bericht aus erster Hand vernehmen können, ohne meine alten Geschichten immer wieder anhören zu müssen. In demselben Augenblick steckte mir der Organisator dieser Gruppe einen Zettel zu, der die dringende Botschaft eines Mannes aus einer Herberge für Landstreicher enthielt. Dieser ersuchte mich, mir sein todesnahes Erlebnis mitteilen zu dürfen. Ich unterbrach den Vortrag und schickte einen Boten zu ihm. Und schon einige Minuten später nach einer eiligen Taxifahrt erschien dieser Mann vor dem Publikum. Aber anstelle eines verwahrlosten Herumlungerers, wie ich ihn aufgrund der Angabe seines Domizils erwartet hatte, erkannten wir in ihm einen gut gekleideten, sehr intelligenten Mann, der nun das Podium betrat, nachdem ich, ohne ihn weiterhin zu beargwöhnen, ihn dazu ermuntert hatte, mit der Zuhörerschaft das zu teilen, was er gerne teilen wollte.

Er sprach davon, wie er sich damals schon auf das Wochenende mit seiner ganzen Familie gefreut hatte, wie jene mit dem Kleinbus schon auf dem Wege waren, ihn abzuholen, als ihr jenes tragische Unglück zustieß, das sie alle verbrannte. Er sprach von seinem anfänglichen Schock und von seiner Sprachlosigkeit wie auch davon, daß er es zuerst ganz und gar nicht glauben wollte, auf einmal ein verlassener Mann zu sein, der Kinder gehabt hatte und nun ganz plötzlich kinderlos sein sollte, der weiterhin seines ganzes Familienkreises durch einen einzigen Unfall beraubt war. Er schilderte uns, wie er diesen Schicksalsschlag nicht überwinden konnte und wie er sich demzufolge von einem gut verdienenden, dem mittleren Bürgertum entstammenden Ehemann und Vater zu einem völlig verwahrlosten Herumlungerer verwandelte, der von morgens bis in die Nacht hinein betrunken war und überdies von jeder nur vorstellbaren Droge Gebrauch machte, während er alles daran setzte, wie auch immer sich umzubringen, jedoch bei all seinen Versuchen scheiterte. Seine letzte Erinnerung als Verwahrloster, als der er sich schon seit zwei Jahren herumgetrieben hatte, ging auf folgende Szene zurück: Er lag betrunken und zusätzlich durch Drogen benommen auf einer sich am Waldrand entlangziehenden schmutzigen Straße. Er hatte nur einen Wunsch, nämlich den, mit seiner Familie wieder vereint zu sein und nicht mehr leben zu müssen. Als er einen sich herannahenden Lastwagen sah, besaß er auch nicht mehr die Kraft, sich aus der Gefahrenzone zu bewegen, so daß der Lastwagen in wahrsten Sinne des Wortes über ihn rollte.

Im gleichen Augenblick, so berichtete er uns, befand er sich ein paar Meter über dem Ort des Geschehens und besah sich seinen äußerst kritisch verletzten Körper, der auf der Straße lag. In jenem Moment geschah es, daß seine Familie vor ihm erschien. Sie war von einer Lichtfülle und einer unglaublichen Liebe umgeben. Mit einem erfreuten Lächeln auf eines jeden Gesicht gaben sie sich ihm zu erkennen, sprachen jedoch nicht mit dem Munde, vielmehr bedienten sie sich der Gedankenübertragung. Sie teilten mit ihm ihre Freude und das Glück ihres gegenwärtigen Zusammenseins.

Dieser Mann konnte uns nicht sagen, wie lange die Wiederbegegnung mit seinen Familienangehörigen gedauert haben mochte. Doch er war von ihrer Gesundheit, ihrer Schönheit, ihrer Ausstrahlung, ihrem völligen Akzeptieren seiner gegenwärtigen Lebenslage und von ihrer bedingungslosen Liebe derart überwältigt, daß er einen Schwur ablegte, sie nicht berühren oder mit ihnen gehen zu wollen, stattdessen aber in seinen irdischen Körper zurückzukehren, um sein soeben Erlebtes der Welt mitzuteilen und somit auf seine Weise wiedergutzumachen, daß er zwei Jahre lang versucht hatte, sein Erdenleben zu beenden. Daraufhin sah er sich wieder an den Unfallort zurückversetzt und beobachtete aus einer Distanz, wie der Lastwagenfahrer seinen schwer verletzten Körper in dem Lastwagen niederlegte, wie schließlich ein Krankenwagen herangebraust kam, wie er daraufhin auf die Unfallstation eines Krankenhauses transportiert wurde, wo man ihn auf einer Liege festschnallte. Dort auf jener Notaufnahme war es, daß er schließlich in seinen Erdenkörper zurückkehrte und erwachte, alsbald sich von den Gurten, die man seinen Gelenken angelegt hatte, losriß, alsdann aufstand und wahrhaftig die Notaufnahme verließ, ohne späterhin auch noch irgendeine Spur von Delirium Tremens oder einigen Nachfolgeerscheinungen seines schweren Drogen- und Alkoholmißbrauchs aufzuweisen.

Er fühlte sich plötzlich geheilt und wiederhergestellt. Er verpflichtete sich innerlich dazu, daß er nicht eher sterben wolle, bis daß er die Gelegenheit gehabt hatte, das Vorhandensein eines Lebens nach dem Tod mit so vielen Leuten wie immer möglich zu teilen, so sie willens waren, ihm zuzuhören. Nachdem er in einer Zeitung einen Artikel über mein Erscheinen in Santa Barbara gelesen hatte, entschloß er sich, mir in jenem Vortragssaal eine Botschaft zukommen zu lassen. Indem ich ihn bat, mit uns sein Erlebnis zu teilen, war er auch zugleich in der Lage, sein Versprechen einzulösen, das er zur Zeit seines kurzen Zusammenseins mit seiner ganzen Familie gehabt hatte.

Wir wissen nicht, was seitdem mit diesem Mann geschehen ist. Doch werde ich niemals jenen Glanz in seinen Augen vergessen samt der Freude und der größten Dankbarkeit dafür, daß er zu einem Ort geführt worden war, wo es ihm, ohne bezweifelt und beargwöhnt zu werden, erlaubt war, auf der Rednertribüne zu stehen, um einer Versammlung von Hunderten von Krankenhausmitarbeitern seine völlige Überzeugung kundzutun, daß unser physischer Körper nur eine vorübergehende Hülle ist, die unser unsterbliches Ich umkleidet.

Die Frage drängt sich uns nun von ganz allein auf: Was geschieht nach dem Tod?

Wir haben kleine Kinder studiert, die weder Moodys Buch („Leben nach dem Tod“) noch Zeitschriftenartikel gelesen haben und auch nicht bei solchen Berichten zugegen gewesen sein können, wie sie uns zum Beispiel der soeben erwähnte Mann damals dargeboten hatte. Selbst ein zweijähriges Kind war in der Lage, uns an seinem Erlebnis teilhaben zu lassen, das es schon als den Tod angesehen hatte. Bei derlei Erlebnissen hat es sich herausgestellt, daß Leute von unterschiedlicher Religionszugehörigkeit ebenfalls unterschiedliche religionsbezogene Erscheinungen wahrnehmen. Das Erlebnis dieses zweijährigen Kindes mag vielleicht als unser bestes Beispiel dafür dienen. Dieser kleine Junge bekam nach einer Injektion im Behandlungszimmer eines Arztes eine heftige Allergie, so daß jener ihn für tot erklären mußte. Und während der Arzt und die Mutter auf das Erscheinen des herbeigerufenen Vaters warteten, umarmte sie ihren kleinen Jungen, klagte und weinte und litt fürchterlich. Doch nach einer Weile, die ihr eine Ewigkeit dünkte, öffnete ihr Kind die Augen wieder und sagte in etwa mit Worten, die eher zu einem alten weisen Mann gepaßt hätten: „Mutti, ich war tot. Ich war bei Jesus und Maria. Und Maria sagte mir wiederholt, daß meine Zeit noch nicht gekommen sei und daß ich zurück zur Erde müsse. Doch ich wollte ihr nicht glauben. Und als sie merkte, daß ich nicht auf sie hören wollte, faßte sie mich sanft beim Handgelenk und führte mich weg von Jesus und sagte: Peter, du mußt zurückkehren. Du mußt deine Mutti vor dem Feuer bewahren." Dies war der Augenblick gewesen, als er wieder seine Augen geöffnet hatte. Und er fügte seinen Worten noch folgendes hinzu: „Weißt du, Mutti, als sie mir das sagte, rannte ich den ganzen Weg zu dir zurück."

Diese Mutter war dreizehn Jahre lang nicht fähig, mit irgend jemandem über diese Begebenheit zu sprechen. Sie war sehr niedergeschlagen, da sie die Aussage Marias ihrem

Sohn gegenüber falsch deutete.

Sie hatte jenen Hinweis so verstanden, daß ihr Sohn es einmal sein solle, der sie vom Feuer, das heißt, von der ewigen Hölle, erretten werde. Doch was ihr nicht in den Kopf gehen wollte, war der Umstand, warum gerade auf sie das Höllenfeuer wartete, während sie doch eine anständige und fleißig arbeitende gläubige Christin war. Ich versuchte ihr zu erklären, daß sie die symbolische Sprache mißinterpretiert habe, daß es sich bei dieser Botschaft um ein einzigartiges und wunderbares Geschenk von Maria handele, die wie alle Wesen auf der spirituellen Ebene ein Wesen der totalen und bedingungslosen Liebe sei und somit auch niemanden verurteilen oder kritisieren könne im Gegensatz zu uns Menschen, denen es an solchen Eigenschaften noch sehr mangele. Ich bat sie, für einen Moment ihre Gedanken abzustellen und es zu gestatten, daß ihr spiritueller und intuitiver Quadrant ihr antworte. Und dann fragte ich sie: „Wie würden Sie sich gefühlt haben, wenn Maria Ihren Peter vor dreizehn Jahren nicht zu Ihnen zurückgeschickt hätte?" Sie umfaßte mit beiden Händen ihr Schläfen und schrie: „Um Gottes willen! Ich hätte durch Hölle und Feuer gehen müssen." Es versteht sich von selbst, daß ich nicht noch die Frage an sie richten mußte: „Verstehen Sie nun, daß Maria Sie vom Feuer bewahrt hatte?"

Die Heiligen Schriften sind reich an Beispielen symbolischer Sprache. Und wenn die Menschen mehr ihrem intuitiv-spirituellen Quadranten Gehör schenken würden und die Weisheiten dieser wunderbaren Mitteilungsquelle nicht durch ihre eigene Negativität, ihre Ängste, ihre Schuldgefühle, ihren Drang, andere oder sich selbst zu bestrafen, vergiften würden, würden sie auch die wundervolle Symbolsprache der Sterbenden zu verstehen beginnen, wenn diese uns ihre Sorgen, ihr Wissen und ihre Wahrnehmungen anzuvertrauen suchen.

Ich brauche wohl nicht mehr darauf hinzuweisen, daß ein jüdisches Kind wohl kaum Jesus begegnen würde, während ein protestantisches Kind wohl auch kaum Maria zu sehen bekäme. Das heißt nicht, daß diese Wesen sich nicht um jene andersgläubigen Kinder kümmern würden, sondern weil ganz einfach jeder das bekommt, was er am nötigsten hat. Jene anderen, die wir antreffen, sind diejenigen, die wir am meisten geliebt haben und die schon vor uns gestorben waren.

Nachdem wir von unseren jenseitigen Verwandten und Freunden und ebenfalls von unseren Geistführern und Schutzengeln empfangen worden sind, gehen wir durch eine symbolische Verwandlung hindurch, die oft als eine Art Tunnel beschrieben worden ist. Bei einigen wird diese Verwandlung durch einen Fluß, bei anderen durch ein Tor ausgedrückt, gemäß der auf jeden individuell bezogenen Symbolwertigkeit. Bei meinem eigenen Erlebnis war es natürlich ein Bergpaß mit wilden Blumen, und zwar ganz einfach aus dem Grunde, da meine Vorstellung von einem Himmel Berge und wilde Blumen mit einschließt, die mir ja in meiner Jugend in der Schweiz so viel Freude und Glück bereitet hatten. Die Himmelsvorstellungen hängen also von kulturellen wie auch heimatlich bestimmten Faktoren ab.

Nachdem wir uns diese sichtbare, sehr schöne und individuell abgestimmte Art des Durchgangs – bleiben wir bei dem Beispiel eines Tunnels – durchschritten haben, nähern wir uns einer Lichtquelle, welche viele unserer Patienten beschrieben haben und welcher auch ich selbst entgegentreten durfte. Diese Begegnung bescherte mich mit meiner unglaublich schönsten und unvergeßlichsten Erfahrung, welche man das Innesein des kosmischen Bewußtseins nennt. In der Gegenwart dieses Lichtes, das von den meisten Wissenden in unserer westlichen Kultur als Christus, Gott, Liebe oder einfach als Licht bezeichnet wird, sind wir von totaler und absoluter Liebe, von höchstem Verstehen und tiefstem Mitempfinden umgeben.

Dieses Licht entspringt der Quelle reiner spiritueller Energie und hat nichts mehr mit physischer oder psychischer Energie zu tun. Spirituelle Energie kann von Menschen nicht geschaffen oder manipuliert werden. Sie existiert in einer Sphäre, wo Negativität keinen Platz hat. Und das heißt auch, daß wir in der Gegenwart dieses Lichtes, ungeachtet, wie schlecht wir uns immer auf Erden betragen haben und wie schuldig wir uns immer fühlen mögen, keinerlei negativer Gefühle fähig sein werden. Es ist darüber hinaus völlig unmöglich, in jener Lichtfülle, die von vielen Christus oder Gott genannt wird, verurteilt zu sein, denn Er ist ein Wesen totaler und absolut bedingungsloser Liebe. In diesem Licht stehend, werden wir uns der Möglichkeit inne, was wir eigentlich sein könnten, hätten wir unser Leben nur richtig ausgerichtet. In dieser Lichtgegenwart, wo uns Mitempfinden, Liebe und Verstehen umgeben, werden wir gebeten, unser ganzes Leben nochmals geistigen Auges an uns vorbeiziehen zu lassen und es zu bewerten, da wir nun nicht länger an den Verstand unseres physischen Hirns angeschlossen sind, der uns im irdischen Körper begrenzt hatte. Wir nehmen nochmals jeden Gedanken, jedes Wort und jede Tat unserer Erdenexistenz wahr und erkennen gleichzeitig, was diese bei unseren Mitmenschen bewirkt hatten. Wir werden nun über unsere Gedanken, Worte und Taten urteilen. In der Gegenwart der spirituellen Energie benötigen wir keine physische Gestalt. Wir legen dort jenen ätherischen Körper ab und nehmen wieder die Gestalt an, die wir hatten, bevor wir auf Erden geboren waren, die wir ewig haben werden, die wir zwischen den einzelnen Erdenleben besaßen und die wir haben werden, wenn wir uns einst wieder mit der Quelle, mit Gott also, vereinigen werden, sobald wir unsere Bestimmung erfüllt haben.

Es ist wichtig zu verstehen, daß wir vom Beginn unserer Existenz bis zu unserer Rückkehr zu Gott immer unsere eigene Identität und unsere Energiestruktur bewahren und daß unter aber Milliarden von Menschen im gesamten Universum keine zwei Energiestrukturen, also keine zwei Menschen, sich gleich sind, und seien sie eineiige Zwillinge. Falls jemand an der Größe unseres Schöpfers zweifelt, sollte er sich mal überlegen, eines welchen Genies es bedarf, Milliarden von Energiestrukturen zu schaffen, ohne daß sich darunter eine einzige Wiederholung befände. Somit wird jedem Menschen das Geschenk seiner Einzigartigkeit beschert. Ich kann dieses Wunder nur mit der Unzahl von Schneeflocken auf dem Erdplaneten vergleichen, von denen man weiß, daß es nicht zwei davon gibt, die identisch sind. Ich hatte die große Gnade, mit meinen eigenen physischen Augen bei vollem Tageslicht die Anwesenheit von hundert solchen Energiestrukturen zu sehen. Sie kamen mir ähnlich vor wie eine Anzahl sich unruhig hin- und herbewegender und dabei atmender Schneeflocken, von denen eine jede ein unterschiedliches Licht, verschiedene Farben, Gestalt oder Formen hatte. So werden wir also beschaffen sein, nachdem wir gestorben sind, und so existierten wir, bevor wir geboren wurden.

Man benötigt im wahrsten Sinne des Wortes keinen Raum und keine Zeit, um von einem Stern zum anderen, vom Planeten Erde zu einem anderen Fixstern zu reisen. Ja, selbst die Energiestrukturen jener Wesenheiten können sich sogar hier bei uns aufhalten. Wenn wir doch nur Augen hätten, die sehen könnten, so würden wir bemerken, daß wir niemals allein sind, daß uns jene Wesenheiten umgeben, die uns führen, die uns in Liebe zugetan sind und die uns beschützen. Sie versuchen uns zu leiten und zu helfen, damit wir auf dem richtigen Weg bleiben, der zum Ziel unserer Bestimmung führt. Vielleicht können wir in Zeiten großen Schmerzes, großen Leidens und großer Einsamkeit unsere Wahrnehmung derart erhöhen, daß wir ihrer Gegenwart ansichtig werden. Wir könnten mit ihnen zum Beispiel nachts vor dem Einschlafen sprechen und sie darum bitten, sich uns zu zeigen. Wir könnten ihnen auch, bevor wir einschlafen, Fragen stellen und sie darum ersuchen, uns in unseren Träumen eine Antwort zukommen zu lassen. Jene von uns, die ihre Träume behalten können, wissen, daß viele unserer Fragen darin beantwortet werden. Und je mehr wir uns auf unsere innere Entität, unserem eigenen inneren spirituellen Teil, einzustimmen vermögen, wird uns die Gewißheit zuteil, daß wir Hilfe und Führung ebenfalls von dieser unserer inneren Entität erhalten können, die unser allwissendes Selbst und unser unsterblicher Teil in uns ist, den wir als den Schmetterling bezeichnen.

Ich möchte jetzt mit Ihnen einiges von meinen eigenen mystischen Erfahrungen teilen, die mir dazu verhalfen, wahrhaft zu wissen, als nur zu glauben, daß all jene Dinge jenseits des Bereichs unseres wissenschaftlichen Verstehenkönnens, Wahrheiten und Realitäten sind, die jedem von uns Menschen offenstehen. Ich möchte ganz ausdrücklich sagen, daß ich in meinen früheren Jahren keinerlei Vorstellung von einem höheren Bewußtsein hatte. Ich suchte niemals einen Guru auf, ja, ich war niemals wirklich fähig gewesen zu meditieren, was für viele Leute eine Quelle großen Friedens und Verstehenlernens ist, und zwar nicht nur auf der östlichen Erhalbkugel, sondern auch immer mehr in dem westlichen Teil unserer Welt. Es ist wahr, daß ich völlig in mich gehe, wenn ich mit meinen sterbenden Patienten spreche. Und vielleicht waren jene Tausende von Stunden, in welchen ich an ihren Betten saß, wo uns nichts und niemand stören konnte, eine Art von Meditation. Wenn man es so sehen will, dann habe ich wahrhaftig viele, viele Stunden meditiert. Doch bin ich fest davon überzeugt, daß es nicht nötig ist, auf einer Bergeshöh als Einsiedler leben zu müssen oder in Indien einem Guru zu Füßen zu sitzen, um jene mystischen Erfahrungen zu machen.

Ich bin auch davon überzeugt, daß jeder Mensch aus einem physischen, einem emotionellen, einem intellektuellen und einem spirituellem Quadranten (Viertel) besteht. Ich bin auch weiterhin davon überzeugt, so wir lernen können, unsere unnatürlichen Gefühle, unseren Haß, unsere Angst, unsere ungelösten Kümmernisse, unsere Ozeane voll von ungeweinten Tränen aus uns herauszulassen und uns davon zu befreien, daß wir uns dann auch wieder einstimmen können auf unser wahres Wesen, das wir eigentlich sein sollten. Dieses wahre Wesen setzt sich aus jenen vier Quadranten zusammen, die in voller Ausgewogenheit und Ganzheit miteinander harmonieren sollten. Diesen Zustand innerer Ausgewogenheit erreichen wir nur, wenn wir auch gelernt haben, unseren physischen Körper anzunehmen. Wir müssen dahin gelangen, unsere natürlichen Gefühle ungehindert ausdrücken zu können, ohne bespöttelt zu werden, wenn wir weinen, natürlichen Ärger zeigen oder eifersüchtig sind und uns anstrengen, jemandem es an Talenten, Gaben oder Eigenheiten gleichtun zu wollen. Wir müssen begreifen, daß es nur zwei Ängste gibt. Und das ist einmal die Angst vor dem Fallen, und das andere ist die Angst vor Lärm. Alle anderen Ängste sind uns als Kinder von den Erwachsenen nach und nach aufgedrängt worden, denn sie projizierten ihre eigenen Ängste auf uns und reichten sie somit von Generation zu Generation weiter.

Das Wichtigste aber von allem ist es, daß wir lernen, bedingungslos zu lieben. Die meisten von uns sind als Prostituierte erzogen worden. Denn es hieß immer: Ich liebe dich, „wenn". . . . Und dieses Wort „wenn" hat mehr Leben ruiniert und vernichtet als irgend etwas anderes auf diesem Planeten Erde. Dieses Wort verführt uns zur Prostitution, denn es verschafft uns den Glauben, daß wir mit gutem Betragen oder guten Schulnoten Liebe erkaufen können. Auf diese Art können wir niemals einen Sinn für Selbstliebe und Selbstbelohnung entwickeln. Wenn wir als Kind den Erwachsenen nicht zu Willen waren, wurden wir eher bestraft, als daß wir durch eine beständige liebevolle

Erziehung eines Besseren belehrt worden wären. Unsere geistigen Lehrmeister haben uns darauf aufmerksam gemacht, daß, so wir mit bedingungsloser Liebe und Disziplin aufgewachsen wären, wir auch niemals vor den Stürmen des Lebens Angst haben würden. Wir würden dann keine Furcht, keine Schuldgefühle und keine Ängste mehr haben, denn diese sind die einzigen Widersacher der Menschen.

„Solltet ihr die Grand Cañons vor den Stürmen abdecken wollen, würdet ihr nie die Schönheiten ihrer Formungen erblicken können."

Wie ich schon erwähnte, suchte ich keinen Guru auf, versuchte auch nicht zu meditieren oder irgendeinen höheren Bewußtseinszustand zu erreichen. Doch jedesmal, wenn ich durch einen Patienten oder durch eine Lebenssituation auf irgendeine Negativität in mir hingewiesen wurde, versuchte ich diese aus mir herauszutreiben, auf daß ich einmal jene Harmonie zwischen meinem physischen, emotionellen, intellektuellen und spirituellen Quadranten erreichen möchte. Und als ich meine „Hausaufgaben" tätigte und versuchte, das, was ich überall lehrte, selbst in die Tat umzusetzen, wurde ich mit immer mehr mystischen Erfahrungen gesegnet. Diese gehen sowohl auf den Gedankenaustausch mit meinem spirituell-intuitiven, allwissenden und alles verstehenden Selbst zurück, als auch auf die Kontaktaufnahme mit jenen Führungskräften, die einer schwerelosen Welt entstammen und die uns immer umgeben und auf Gelegenheiten warten, uns nicht nur Wissen und Hinweise zukommen zu lassen, sondern uns auch in dem Verstehen behilflich zu sein, weshalb wir leben und speziell, was es für eine Bewandtnis mit unserem individuellen Erdenlos auf sich hat, so daß wir in der Lage sein können, unsere Bestimmungen in einem einzigen Erdenleben zu erfüllen und nicht nochmals zurückzukommen haben, um jene Lektionen nachzuholen, die wir in dieser Existenz nicht mehr erlernen konnten.

Eine meiner ersten Erfahrungen wurden mir während einer wissenschaftlichen Untersuchung zuteil, bei der es mir erlaubt war, meinen Körper zu verlassen. Dieses Experiment wurde durch iatrogene Mittel in einem Laboratorium in Virginia ausgeführt und zugleich von einigen skeptischen Wissenschaftlern überwacht. Während einer meiner außerkörperlichen Wahrnehmungen wurde ich von dem Versuchsleiter zurückgeholt, da er meinte, ich sei zu zeitig und zu schnell aus meinem Körper herausgetreten. Sehr zu meiner Bestürzung hatte er damit gewissermaßen in meine eigenen Belange und in meine eigene Personalität eingegriffen. Ich nahm mir bei einem wiederholten Versuch eines außerkörperlichen Erlebnisses fest vor, dieses Problem eines fremden Eingreifens dadurch zu umgehen, indem ich mich selbst programmierte, schneller als Lichtgeschwindigkeit und weiter, als je ein Mensch zuvor bei solch einem Experiment zu schweben versuchte, zu fliegen. Und in dem Augenblick, als der Versuch eingeleitet worden war, verließ ich sprichwörtlich meinen Körper und bewegte mich mit einer erstaunlichen Geschwindigkeit.

Das einzige aber, woran ich mich bei meiner Rückkehr in meinen physischen Körper noch erinnern konnte, war das Wort SHANTI NILAYA. Ich hatte keinerlei Idee, welche Bezeichnung oder Bedeutung diesem Wort zugrundelag.

Ich wußte also nicht, wo ich gewesen sein mochte. Doch war ich mir noch vor meiner Rückkehr dessen bewußt, daß ich von einer nahezu völligen Darmverstopfung wie auch von einem sehr schmerzhaften Rückenproblem, welches es mir unmöglich gemacht hatte, auch nur ein Buch hochzuheben, geheilt war. Und tatsächlich! Als ich dieses außerkörperliche Experiment beendet hatte, stellte ich fest, daß mein Darm von seinem Verschluß befreit war. Ja, ich vermochte es sogar, einen hundert Pfund schweren Zuckersack ohne Anstrengung und Schmerzen hochzuheben. Die Dabeistehenden sagten mir, daß ich zwanzig Jahre jünger aussehe. Jeder von ihnen drang in mich, um noch weitere Informationen über mein Erlebnis aus mir herauszuholen. Ich hatte keine Ahnung, wo ich bei meinem außerkörperlichen Ausflug gewesen war, bis ich in der folgenden Nacht mehr darüber erfuhr.

Jene Nacht verbrachte ich in einer verlassen stehenden Pension inmitten eines Waldes, der zu den Blue Ridge Mountains gehört. Allmählich, nicht ohne Schrecken, wurde mir bewußt, daß ich bei meinem außerkörperlichen Erlebnis zu weit gegangen war und daß ich jetzt die Konsequenzen meiner eigenen Entscheidung zu tragen hatte. Ich versuchte, meine Müdigkeit zu bekämpfen, da ich eine unbestimmte innere Ahnung hatte, daß „es" geschehen würde, ohne zu wissen, was dieses „es" wohl sein könnte. Und in dem Moment, als ich mich „ihm" ergab, vollzog sich an mir die höchstwahrscheinlich schmerzhafteste und einsamste Erfahrung, die je ein Mensch durchmachen kann. Im wahrsten Sinne des Wortes durchlebte ich die tausend Tode, welche die von mir betreuten Sterbenden durchgemacht hatten. Ich befand mich physisch, emotionell, intellektuell und spirituell im Todeskampf. Ich war unfähig zu atmen. Mich in diesen physischen Marterqualen befindend, wußte ich voll und ganz, daß kein Mensch in der Nähe war, der mir hätte zu Hilfe kommen können. So hatte ich jene Nacht ganz allein durchzustehen.

In jenen entsetzlichen Stunden waren mir nur drei kurze Erholungspausen vergönnt. Man könnte diese Schmerzen am ehesten mit den Geburtswehen vergleichen, nur daß unaufhörlich die einen den anderen folgten. Während jener drei kurzen Unterbrechungen, in denen es mir gelang, ein paarmal tief aufzuatmen, geschahen einige symbolisch bedeutsame Ereignisse, die ich allerdings erst viel später verstanden habe.

Während der ersten Atempause bat ich um eine Schulter, an die ich mich hätte lehnen können. Und ich dachte dabei tatsächlich daran, daß die linke Schulter eines Mannes erscheinen würde, an die ich meinen Kopf anlehnen könnte, um meine Schmerzen besser tragen zu können. Doch sobald ich diese Bitte ausgesprochen hatte, vernahm ich eine tiefe und ernste, doch liebe- und teilnahmsvolle Stimme, die nur sagte: „Sie soll dir nicht gewährt werden."

Nach einer langen, langen Zeit wurde mir wieder eine Atempause vergönnt. Diesmal bat ich um eine Hand, die ich anfassen könnte. Und wiederum hoffte ich, daß diesmal auf der rechten Seite meines Bettes sich eine Hand zeigen würde, damit ich sie ergreifen könnte, um die Schmerzen etwas leichter ertragen zu können. Und dieselbe Stimme ließ sich hören und sagte wiederum: „Sie soll dir nicht gewährt werden."

Während meiner dritten und letzten Atempause entschied ich mich dafür, nur um eine Fingerspitze zu bitten. Doch alsgleich fügte ich, wie es meinem Charakter gemäß ist, hinzu: „Nein, wenn mir keine Hand gereicht wird, verzichte ich auch auf die Fingerspitze." Wie es sich versteht, meinte ich mit der Fingerspitze nur das Wissen darum, daß jemand anwesend war, auch wenn ich mich nicht an dessen Fingerspitze klammern konnte.

Nun dämmerte es mir zum erstenmal in meinem Leben, daß es sich bei einem solchen Todeskampf um den Glauben an sich handelte. Und dieser Glaube entstammte dem tief innen ruhenden Wissen, daß ich selbst über die Stärke und den Mut verfüge, diese Todesqualen ganz allein tragen zu können. Mir wurde es plötzlich klar, daß ich nur meinen Kampf zu beenden, meinen Widerstand ganz einfach in eine friedliche, positive Unterwerfung verwandeln müsse, in der ich fähig sei, ganz einfach „ja" zu sagen.

Und im gleichen Augenblick, in welchem ich in Gedanken „ja" sagte, hörten diese Qualen auf. Mein Atem wurde ruhiger, der physische Schmerz verschwand. Und anstatt jener tausend Tode, die ich zu durchleben hatte, wurde mir ein Wiedergeburtserlebnis zuteil, das man mit menschlichen Worten nicht zu beschreiben vermag.

Dieses begann mit einem sehr schnellen Schwingen oder Pulsieren in meiner Bauchgegend, von wo es sich auf meinen ganzen Körper ausbreitete. Aber es blieb nicht dabei. Denn es versetzte auch all das in Schwingung, auf das ich meine Augen warf, sei es die Decke, die Wand, der Boden, die Möbel, das Bett, das Fenster, ja, selbst der Himmel, den ich durch das Fenster erblickte. Die Bäume wurden von dieser Schwingung erfaßt und schließlich der ganze Planet Erde. Ja, es kam mir wahrhaft so vor, als ob der ganze Erdplanet, als ob jedes Molekül vibrierte. Und alsdann erblickte ich etwas, was wie die Knospe einer Lotusblume aussah, die sich nun vor mir zu einer unglaublich farbenprächtigen Blüte auftat. Und hinter dieser Lotusblume strahlte auf einmal das Licht, von welchem meine Patienten so oft gesprochen hatten. Und als ich mich durch die geöffnete, schnell vibrierende Lotusblume dem Licht näherte, wurde ich immer mehr und ganz sacht von ihm, diesem Licht, dieser unvorstellbaren bedingungslosen Liebe, angezogen, bis ich schließlich mit ihm verschmolz.

Doch in demselben Augenblick, als ich mit dieser Lichtquelle eins geworden war, hörten alle Schwingungen auf. Eine tiefe Ruhe überkam mich, und ich fiel in einen tranceähnlichen Schlaf. Als ich aus ihm erwachte, wußte ich, daß ich ein Kleid und meine Sandalen anzuziehen und den Berg hinunterzugehen hatte und daß „es“ bei Sonnenaufgang geschehen werde.

Als ich etwa anderthalb Stunden später aus einem erneuten Schlummer aufgewacht war, zog ich das Kleid an, legte mir die Sandalen an und schritt den Hügel hinab. Und dann geschah es, daß mir die wohl größtmögliche Ekstase zuteil wurde, die Menschen wohl je auf dieser physischen Erde erleben können. Ich fühlte mich in den Zustand der totalen Liebe versetzt und staunte alles um mich herum an. Ich befand mich in einer Liebeswallung mit jedem Blatt, jeder Wolke, jedem Grashalm und jedwedem Lebewesen. Ich fühlte sogar das Pulsieren eines jeden Steinchens auf dem Weg, ja, ich schritt im wahrsten Sinne des Wortes „über“ sie hinweg und rief ihnen in Gedanken zu: „Ich vermag es nicht, auf euch zu treten, denn ich möchte euch nicht wehe tun.“ Und als ich am unteren Ende des Hügels angekommen war, wurde ich mir tatsächlich bewußt, daß ich ja wirklich mit keinem Schritt den Boden berührt hatte. Ich zweifelte nicht die Echtheit dieses Erlebnisses an. Es war ganz einfach eine aus dem kosmischen Bewußtsein heraus erfolgte Wahrnehmung. Ich durfte somit das Leben in der ganzen belebten Natur erkennen samt jener Liebe, die man mit Worten niemals wiederzugeben vermag.

Es brauchte einige Tage, bis ich mich in meiner physischen Existenz wieder voll zurechtfand, um den Trivialitäten des Lebens nachgehen zu können, wie Geschirr zu spülen, Wäsche zu waschen oder meiner Familie ein Mahl zu bereiten. Und ich benötigte einige Monate, bevor ich fähig war, über mein Erlebnis sprechen zu können. Ich teilte es mit einer wunderbaren, nicht verurteilenden, sondern verständnisvollen Gruppe von Menschen, die mich anläßlich eines Symposions über Transpersonale Psychologie nach Berkley in Kalifornien eingeladen hatte. Und nachdem ich mit dieser Gruppe mein Erlebnis geteilt hatte, nannten sie auch einen Namen dafür: „Kosmisches Bewußtsein“. Und alsbald – meiner Gewohnheit entsprechend – suchte ich eine Bibliothek auf, um zu sehen, ob ich mir dort ein Buch mit dem gleichen Titel ausleihen könnte, um auch intellektuell die Bedeutung eines solchen Zustandes zu erfassen. Durch jene Gruppe erfuhr ich ebenfalls, daß das Wort „Shanti Nilaya“, welches mir mitgeteilt worden war, als ich mit der spirituellen Energie, jener Urlichtquelle, verschmolz, das uns letztlich erwartende Heim des Friedens sei, jenes Zuhause, nach welchem wir alle einmal zurückkehren werden, nachdem wir durch alle Todesängste, Schmerzen, Wehs und Kümmernisse gegangen sind und nachdem wir gelernt haben, alle jene Schmerzen von uns zu lassen, um das zu sein, was wir gemäß der Schöpfung eigentlich sein sollten, nämlich ein Wesen in voller Ausgeglichenheit zwischen dem physischen, emotionellen, intellektuellen und spirituellen Quadranten, ein Wesen also, welches erkannt hat, daß wahre Liebe keine Besitzansprüche stellt und mit dem Worte ,,wenn" keine Bedingungen mehr fordert. Leben wir ein Leben der totalen Liebe, dann werden wir auch gesund und heil sein und sind dann auch dazu in der Lage, unsere bestimmten Aufgaben und Ziele in einem einzigen Leben zu erfüllen.

Diese Ihnen erzählte Erfahrung hat mein Leben verändert, und zwar in einer Weise, wie ich es nicht in Worten wiederzugeben vermag. Doch ich glaube, ich habe damals ebenfalls begriffen, daß ich, sollte ich mein Wissen über das Leben nach dem Tode mitteilen, im wahrsten Sinne des Wortes durch tausend Tode zu gehen hätte, da die Gesellschaft, in der ich lebe, versuchen würde, mich in Stücke zu reißen. Aber die Erfahrung und das Wissen, die Freude, die Liebe und die Aufregung, die diesen Ängsten folgen würden nebst allen Belohnungen, werden bei weitem größer sein als jeglicher Schmerz.

ISBN 3-923781-56-3
farbig kartoniert,
160 Seiten,
DM 23,80

Franz-Josef Huainigg

neu

Nicht zu fassen – aber wahr!

Das außergewöhnliche Leben des Trance-Mediums und Heilers Hans-Peter Paulussen

– außergewöhnlich schon vom Augenblick der Geburt an: Hans Peter Paulussen kam mit gefalteten Händen zur Welt, und so ließ es sich der Bischof nicht nehmen, das Kind persönlich zu taufen. Die sterbende Großmutter versprach dem Knaben, ihn vom Jenseits her zu begleiten. Seitdem hat Paulussen Kontakt zu ihr und anderen Geistwesen, die ihm helfen zu heilen und Ereignisse vorausgesagt haben, die bis in alle Einzelheiten eingetroffen sind.
Ein erstaunliches Buch!

ISBN 3-923781-54-7
farbig broschiert,
40 Seiten,
DM 9,80

Siegfried Zecherle

neu

Der Baum Astrid – ein spirituelles Märchen

Dieses Büchlein schildert das Leben eines Apfelbaums, der davon träumt, ein Mensch zu sein, weil diese Geschöpfe allen anderen gegenüber scheinbar bevorzugt sind. Eine Fee erfüllt ihm seinen Wunsch, und er wächst als „Astrid" zu einer jungen Frau heran, der das Leben alle materiellen Wünsche erfüllt, und die doch im Innersten unzufrieden bleibt und schließlich sogar krank wird.

Erst die Freundschaft mit einem Baum öffnet ihr die Augen und läßt sie den Weg zu sich und ihren eigenen Wurzeln finden.

ISBN 3-923781-51-2
farbig broschiert,
172 Seiten,
DM 19,80

Virginia Essene

neu

Frieden auf Erden

– Die Botschaft der Taube –

Ein kosmischer Aufruf, und was wir alle dazu beitragen können, gechannelt von Virginia Essene und Ann Valentin.

Lassen wir unser Bewußtsein von den hohen Energieschwingungen, die von den großen Strahlen und Erzengel Uriel zur Erde geschickt werden, transformieren. Persönlicher Friede geht Hand in Hand mit äußerem Frieden und der Verantwortung für unseren Planeten. Dazu gehört auch das Verändern falscher Glaubens- und Denkmuster, die Umwandlung unserer Ängste und Destruktivität. Es ist an der Zeit, das EGO zu erlösen, damit wir diesen neugewonnenen Frieden ins Weltall hinaustragen können.

ISBN 3-923781-03-2
mehrfarbig,
broschiert,
268 Seiten, DM 29,80

Antonia Borgia

Das Leben in der unsichtbaren Welt

Unternehmen wir Menschen eine Reise in ein unbekanntes Land, informieren wir uns vorher, damit wir uns bei der Ankunft besser zurechtfinden. Aber was ist mit jenem Land, dem Jenseits, das uns nach dem irdischen Tod erwartet?
Dieses Buch gibt die Antwort darauf.

Folgeband:
„Begegnungen in der unsichtbaren Welt"
broschiert, 156 Seiten, DM 19,80.

ISBN 3-923781-45-8
farbig, broschiert,
266 Seiten,
DM 29,80

Sylvia Barbanell

neu

Ich lebe im jenseitigen Kinderreich

Sylvia Barbanell ist in deutschen Landen schon bekannt geworden durch ihr Buch **„Wenn unsere Tiere sterben"** (G. E. Schroeder-Verlag).
In ihrem neuen Buch beweist sie anhand vieler überzeugender Fälle, daß Kinder im Jenseits weiterleben, dort zur vollen Größe heranwachsen und von liebevollen Lehrern unterrichtet werden. Kinder „sterben" im eigentlichen Sinne nicht, sie leben in einer höheren Welt weiter, von wo aus sie die Zurückgebliebenen oft besuchen und ihnen auf verschiedene Weise überzeugende Identitätsbeweise und Botschaften vermitteln können.

ISBN 3-923 781-49-0
32 Seiten,
8 Farbillustrationen,
DM 14,80

Hans Friedrich Werkmeister

Myrikos: – oder ‚Andreas Freundschaft mit ihrem Schutzgeist' – eine wahre Begebenheit –

Der bekannte Gartenbauingenieur und Autor von Umweltmärchen schildert in diesem Buch die Freundschaft zwischen dem Geistwesen Myrikos und seiner Tochter, die im Alter von sieben Jahren »hinüberging«. Andrea sah ihren Geistfreund täglich und redete mit ihm. Ihr Vater durfte ihn bei Gelegenheit sehen.

Ein wahres spirituelles »Märchen« für Kinder von 4 bis 100 Jahren.

Mit 8 Aquarellen von Elisabeth Grünwidl.

ISBN 3-923781-52-0
Neuauflage,
Umschlag neu,
farbig broschiert,
92 Seiten,
DM 15,80

Harold Sharp

Auch Tiere überleben den Tod

Das berühmte hellsichtige Medium Harold Sharp erzählt seine Erlebnisse mit „verstorbenen" Tieren und führt den Beweis, daß Tiere den Tod überleben und sich aus ihrer jenseitigen Welt ihren irdischen Freunden bemerkbar machen oder zeigen können. Zugleich vermochte es der Autor, mit seinem Astralkörper das Jenseits aufzusuchen und das Erlebte in Erinnerung zu behalten. Somit haben wir mit diesem Buch auch einen authentischen Bericht über das Leben der Tiere in der jenseitigen Welt.

ISBN 3-923781-40-7
farbig broschiert,
190 Seiten, DM 19,80

Prof. Werner Schiebeler

Leben nach dem irdischen Tod

– Die Erfahrungen Verstorbener –

Der bekannte Physiker und Parapsychologe erstellt aus den zuverlässigsten medialen Durchsagen der letzten 100 Jahre die Beschreibung des Jenseits.

Das Buch, das uns jetzt schon sagt, was uns „nachher" erwartet.

ISBN 3-923781-26-1
farbig broschiert,
davon 16 Bildtafeln,
268 Seiten, DM 29,80

Werner Schiebeler

Der Tod, die Brücke zu neuem Leben

Nach jahrelanger Beschäftigung mit der Paraphysik beschreibt der weithin bekannte und noch lebende Physiker und Parapsychologe Prof. WERNER SCHIEBELER in diesem für Wahrheitssucher eminent wichtigen Buch die dokumentarisch gutbelegten Phänomene, welche unzweideutig auf ein Überleben des Menschen auf einer anderen Existenzebene schließen lassen. Sicherlich gibt es augenblicklich kein zweites Buch, das eindringlicher von den Sternstunden parapsychologischer Phänomene berichtet.